大学体育

张崎琦　主编

 化学工业出版社

·北京·

内容简介

《大学体育》分为理论部分和实践部分两篇。其中理论部分的内容包括体育与健康、体育锻炼的原则和方法、体育保健；实践部分的内容包括田径、篮球、足球、排球、乒乓球、羽毛球、网球、武术、跆拳道、体育舞蹈、啦啦操、健美操、气排球、飞镖、飞盘和匹克球等。

《大学体育》可作为普通高等学校大学体育课程的教材，也可供体育运动爱好者学习参考。

图书在版编目（CIP）数据

大学体育 / 张崎琦主编. —北京：化学工业出版社，2024.8
ISBN 978-7-122-45778-3

Ⅰ.①大… Ⅱ.①张… Ⅲ.①体育-高等学校-教材 Ⅳ.①G807.4

中国国家版本馆CIP数据核字（2024）第111287号

责任编辑：宋　薇
责任校对：李雨函　　　　　　　　　　装帧设计：张　辉

出版发行：化学工业出版社
　　　　　（北京市东城区青年湖南街13号　邮政编码100011）
印　　装：大厂聚鑫印刷有限责任公司
710mm×1000mm　1/16　印张12　字数228千字
2024年10月北京第1版第1次印刷

购书咨询：010-64518888　　　　　　售后服务：010-64518899
网　　址：http://www.cip.com.cn
凡购买本书，如有缺损质量问题，本社销售中心负责调换。

定　　价：48.00元　　　　　　　　　　　版权所有　违者必究

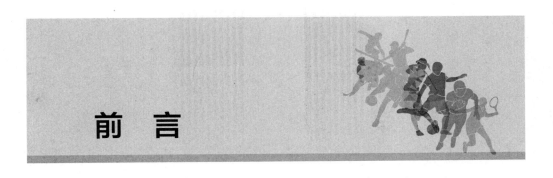

前　言

体育锻炼不仅是一种帮助学生们锻炼身体、增强体质的方式，更是一种培养团队协作、提升心理素质、塑造健康生活方式的重要途径。开设大学体育课程的必要性在于其对学生全面发展的深远影响。

本书为大学体育课程配套教材，在内容编写中注重教育信息化改革与创新，多个章节除了书中的文字叙述和图片展示外，还加入了视频内容。这些视频不仅是对文字内容的补充和拓展，更是对体育技能的直观展示和教授。通过扫描书中的二维码，读者可以随时随地观看相关视频，这种多媒体的学习方式，将让学习体育变得更加生动、有趣和高效。

本书由张崎琦任主编，何文轩、卢国辉、张泰、陈天怡任副主编，参与编写的还有刘锋、肖帆、李博、孙奕、付威、孙艺、李子衍、陈亮、李明昂、骆海峰、刘畅、程爽、陶理、张芸、李继宗、张志华、吴序、徐卫伟、魏嘉琳、曹郑等。

本书系2023年湖北省本科高校省级教学改革研究项目"健康中国背景下大学生健康促进的学校体育路径研究"研究成果（课题编号：2023536)。

本书系2024年教育部产学合作协同育人项目"'竞技—群体—创业'循环式高校体育创业实训平台建设研究"研究成果（课题编号：230903579225346)。

在使用本书的过程中，我们鼓励同学们积极参与课堂活动，与老师和同学进行互动交流；同时，也希望大家能够充分利用视频资源，结合自身的兴趣和特点，选择适合自己的体育项目进行学习和锻炼。

本教材在编写过程中参阅了一些相关资料，在此对原作者致以谢意，也一并向关心、支持本书工作的各界人士表示衷心感谢！

由于时间和水平所限，书中若有疏漏之处，敬请指正！

编者

2024年6月

目 录

上篇 理论部分 / 001

第一章 体育与健康 ··· 002
    第一节 体育的功能 ··· 002
    第二节 体育锻炼对健康的影响 ······································· 003

第二章 体育锻炼的原则和方法 ··································· 006
    第一节 体育锻炼的原则 ·· 006
    第二节 健身运动处方的制定 ··· 007
    第三节 锻炼方法及注意事项 ··· 009

第三章 体育保健 ··· 011
    第一节 体育运动卫生与保健 ··· 011
    第二节 常见运动损伤的初步处理 ··································· 013

下篇 实践部分 / 015

第四章 田径运动 ··· 016
    第一节 田径运动概述 ··· 016
    第二节 田径运动的锻炼方法 ··· 017
    第三节 田径运动的基本规则 ··· 023

第五章 篮球运动 ··· 025
    第一节 篮球运动概述 ··· 025
    第二节 篮球运动的基本技术 ··· 026
    第三节 篮球运动的基本战术 ··· 029
    第四节 篮球运动的基本规则 ··· 034

第六章 足球运动 ———————————————————————— 037
第一节 足球运动概述 ———————————————————— 037
第二节 足球运动的基本技术 ——————————————— 038
第三节 足球运动的基本战术 ——————————————— 047
第四节 足球运动的主要规则 ——————————————— 049

第七章 排球运动 ———————————————————————— 051
第一节 排球运动概述 ———————————————————— 051
第二节 排球运动的基本技术 ——————————————— 053
第三节 排球运动的基本战术 ——————————————— 058
第四节 排球运动的主要规则 ——————————————— 059

第八章 乒乓球运动 —————————————————————— 062
第一节 乒乓球运动概述 —————————————————— 062
第二节 乒乓球运动的基本技术 —————————————— 063
第三节 乒乓球运动的基本战术 —————————————— 068
第四节 乒乓球运动的主要规则 —————————————— 069

第九章 羽毛球运动 —————————————————————— 072
第一节 羽毛球运动概述 —————————————————— 072
第二节 羽毛球运动的基本技术 —————————————— 073
第三节 羽毛球运动的基本战术 —————————————— 079
第四节 羽毛球运动的主要规则 —————————————— 082

第十章 网球运动 ———————————————————————— 085
第一节 网球运动概述 ———————————————————— 085
第二节 网球运动的基本技术 ——————————————— 087
第三节 网球运动的基本战术 ——————————————— 091
第四节 网球运动的主要规则 ——————————————— 092

第十一章 武术运动 —————————————————————— 095
第一节 武术运动概述 ———————————————————— 095
第二节 24 式简化太极拳 ————————————————— 096
第三节 散打 ————————————————————————— 114

第十二章　跆拳道运动 ———————————————————————— 122

  第一节　跆拳道运动概述 ——————————————————— 122

  第二节　跆拳道运动的练习方法 ——————————————— 123

第十三章　体育舞蹈 ——————————————————————— 131

  第一节　体育舞蹈概述 ——————————————————— 131

  第二节　体育舞蹈的练习方法 ———————————————— 132

  第三节　体育舞蹈的评价与欣赏 ——————————————— 135

第十四章　啦啦操运动 ——————————————————————— 138

  第一节　啦啦操概述 ———————————————————— 138

  第二节　啦啦操的基本技术 ————————————————— 139

第十五章　健美操运动 ——————————————————————— 149

  第一节　健美操运动概述 —————————————————— 149

  第二节　健美操运动的练习方法 ——————————————— 151

  第三节　健美操运动的欣赏 ————————————————— 158

第十六章　其他体育运动 —————————————————————— 159

  第一节　气排球运动 ———————————————————— 159

  第二节　飞镖运动 —————————————————————— 163

  第三节　飞盘运动 —————————————————————— 166

  第四节　匹克球运动 ———————————————————— 170

附录　大学生体质健康测试评分标准 ————————————————— 174

参考文献 ————————————————————————————————— 186

上篇
理论部分

第一章 体育与健康

第一节 体育的功能

体育的各项功能并不是孤立的,它们之间相互交织、相互作用。同时,体育功能也不是一成不变的。随着社会的发展和人们需求的变化,体育不断产生新的功能,同时有些功能也会逐渐弱化。因此,我们应该全面认识和理解体育的多种功能,充分发挥其在社会和个人发展中的积极作用。

一、体育在大学阶段的功能

1. 强健体魄

体育锻炼能够增强学生的体质,提高身体的抵抗力,减少生病的情况。通过各种体育活动,可以锻炼学生的肌肉、骨骼、心肺等器官,提高身体的机能水平。

2. 培养意志品质

体育运动往往需要学生付出较大的努力和坚持,这有助于培养学生的毅力和自信心。同时,体育比赛中的胜负得失也能让学生更好地面对挫折和困难,增强心理承受能力。

3. 促进社交能力

体育活动往往需要学生之间的合作与沟通,这有助于培养学生的团队精神和协作能力。同时,通过参与各种体育比赛和活动,学生也可以结交更多的朋友,扩大社交圈子。

4. 提高智力水平

体育运动不仅可以锻炼学生的身体，还可以促进学生的智力发展。例如，在棋类、桥牌等智力型体育项目中，学生需要运用策略、分析局面、做出决策等，这些过程可以锻炼学生的思维能力，提高智力水平。

5. 培养健康生活方式

通过大学体育课程的学习和实践，学生可以掌握正确的运动方法和健康的生活方式，养成良好的锻炼习惯。这有助于学生在未来的生活和工作中保持健康的身体状态，提高生活质量。

二、体育的社会化功能

1. 健身功能

体育运动能促进机体的生长发育，提高运动技能，改善和提高中枢神经系统的工作能力，使内脏器官的机能得到提高，还可以防病治病，提高人体免疫力。

2. 娱乐功能

体育的娱乐功能主要通过两方面表现出来，一是体育本身所特有的魅力，二是人们参加体育运动所得的乐趣。

3. 教育功能

体育对人的身心的促进与发展，有助于教育目标的实现。它不仅可以提高学生的身体素质，还可以培养学生的团队精神、协作能力、智力水平、健康生活方式等，具有典型意义的学校基本教育和泛指意义的社会教育的作用。

4. 政治功能

体育与政治有着密切的关系，例如，体育运动可以提高国家和民族的威望，服务国家外交，增强民族团结等。

5. 经济功能

体育与经济相联系，伴随着现代市场经济的发展而发展。体育的经济功能主要体现在提高劳动者身体素质、促进生产力的发展，以及促进消费、拓展经济增长点等方面。

第二节 体育锻炼对健康的影响

体育锻炼对健康的影响是积极的，但需要注意的是，运动的强度和频率应该根据个人体质和健康状况来制定，过度运动也可能对身体造成损伤。因此，在进行体育锻炼时，应该合理安排运动计划，适度控制运动强度和时间，确保身体健康和安全。

一、体育锻炼的重要性

体育锻炼对于身体健康具有非常重要的意义。不仅可以增强体质、促进心理健康、改善身体形态、提高生活质量，还可以促进社交、延缓衰老。因此，我们应该积极参与体育锻炼，让身体更加健康、有活力。

1. 增强体质

体育锻炼能够增强人体的肌肉、骨骼、心肺等器官的功能，提高身体的耐力和免疫力，从而增强体质。

2. 促进心理健康

体育锻炼能够释放压力，改善情绪，增强自信心和自尊心，有助于预防和缓解心理疾病，如抑郁症、焦虑症等。

3. 改善身体形态

适当参加体育锻炼可以调整身体形态，促进体形的美观和匀称，提升气质和魅力。

4. 提高生活质量

通过体育锻炼，人们可以保持健康的身体状态，更好地应对工作和生活的挑战，提高生活质量。

5. 促进社交

体育锻炼为人们提供了社交的机会和平台，可以增强人们的社交能力和团队合作精神，拓展社交圈子。

6. 延缓衰老

体育锻炼可以延缓身体的衰老过程，保持身体的活力和青春，让人更加年轻、健康、有活力。

二、体育锻炼对健康的积极作用

1. 提高心肺功能

适度的体育锻炼可以提高心肺的工作效率，增强心肌的收缩力，降低静息心率，提高血液的输送能力，从而有效提高身体的耐力和体能。

2. 增强免疫力

体育锻炼能够刺激免疫系统的活跃度，增强身体对病毒和细菌的防御能力，有助于预防感冒等常见疾病。

3. 改善精神状态

体育锻炼可以帮助人们释放压力，改善情绪，增强自信心，从而改善精神状态。这对于预防和缓解抑郁症、焦虑症等精神疾病有着积极的作用。

4. 预防慢性疾病

体育锻炼可以有效预防和控制一些慢性疾病，如高血压、糖尿病、高血脂等。通过运动，可以帮助控制体重，降低血糖和血压，改善血脂状况。

5. 增强肌肉力量

体育锻炼可以增强肌肉力量，提高身体的爆发力和耐力。这不仅可以改善身体形态，还可以提高基础代谢率，有助于控制体重和脂肪。

6. 提高关节灵活性

体育锻炼可以改善关节的灵活性和运动范围，减少关节僵硬和疼痛等问题。适当的运动可以增强柔韧性，提高关节的稳定性和承重能力。

7. 促进新陈代谢

体育锻炼可以加速新陈代谢过程，促进身体内部物质的合成和分解，有助于维持身体健康。

第二章 体育锻炼的原则和方法

第一节 体育锻炼的原则

体育锻炼的原则是指在进行身体锻炼时所必须遵循的基本准则,以保证锻炼的科学性、合理性和有效性。

1. 全面性原则

体育锻炼应使身体各个部位、器官和系统都得到锻炼和发展,提高身体全面素质。不能只锻炼某些部位或只注重某些方面的训练,而忽视其他方面的锻炼。

2. 循序渐进原则

体育锻炼应根据个人体质和健康状况,合理安排运动负荷和强度,逐步提高运动能力。不能急于求成,过度运动或过度训练容易造成身体损伤。

3. 经常性原则

体育锻炼应坚持不懈,持之以恒,使其成为日常生活的一部分。只有长期坚持,才能取得良好的锻炼效果。

4. 个别性原则

每个人的体质、健康状况和运动能力都有所不同,因此体育锻炼应根据个人情况,制订个性化的锻炼计划,选择适合自己的运动项目和方式。

5. 自觉性原则

体育锻炼需要自觉性和主动性,锻炼者应有明确的锻炼目的和动机,自觉地进行锻炼,并在锻炼过程中不断调整和改进锻炼方法。

6. 安全性原则

体育锻炼应在安全的条件下进行，避免发生运动损伤和意外事故。锻炼前应进行适当的热身活动和准备活动，锻炼后应进行适当的拉伸和放松活动。

第二节 健身运动处方的制定

一、健身运动处方的制定原则

制定健身运动处方需要以确保运动处方的科学性和有效性为前提。同时，还应考虑到锻炼者的个人需求和意愿，才能使制定出的健身运动处方取得良好的促进锻炼效果。

1. 个体化原则

根据每个人的体质、健康状况、运动经验、运动爱好等个体差异，制定适合个人的运动处方。体力判别应成为最重要的考虑因素，而不是仅仅基于性别或年龄。

2. 循序渐进原则

在制定运动处方时，应遵循从易到难、从简单到复杂、从轻到重的渐进原则，使身体逐渐适应运动负荷，避免过度疲劳和运动损伤。

3. 安全性原则

在制定运动处方时，应充分考虑运动的安全性，避免过度负荷和危险动作，特别是对于有疾病史或身体不适的人群，更应注意运动的安全性和适宜性。

4. 全面性原则

运动处方应涵盖多个方面的锻炼内容，包括有氧运动、力量训练、柔韧性练习等，以全面提高身体素质和健康水平。

5. 可操作性原则

运动处方应具有可操作性，方便锻炼者进行实际操作和执行，同时也应考虑到锻炼者的兴趣和意愿，使其愿意坚持锻炼。

6. 定期评估和调整原则

运动处方应定期进行评估和调整，以适应个人的身体变化和运动需求，确保运动效果和安全性。

二、健身运动处方的制定方法

制定健身运动处方需要综合考虑个人的身体状况、运动目的和目标、运动类型和强度、运动时间和频率等因素，制订个性化的运动计划，并进行监督和调整，以确保运动的安全性和有效性，提高个人的身体素质和健康水平。同时，建议在制定运动处方前咨询专业医生或健身教练的意见和建议。

1. 健康诊断和体力测定

制定运动处方前，首先需要对个人进行系统的健康诊断，了解个人的身体状况、健康问题和运动经历等。同时，进行体力测定，包括身体成分、心肺功能、肌肉力量、柔韧性等方面的测试，以评估个人的运动能力和适应性。

2. 确定运动目的和目标

根据个人情况和需求，明确运动的目的和目标。例如，增强心肺功能、减肥塑形、提高运动表现等。目标的设定应具有可衡量性、可达成性和挑战性。

3. 制订运动计划

根据个人的运动目的和目标，制订个性化的运动计划。运动计划应包括运动类型、运动强度、运动时间、运动频率等要素。运动类型可根据个人喜好和需求等选择。运动强度应根据个人的体力水平和运动目的进行适当调整，以确保运动的安全性和有效性。运动时间和频率也应根据个人情况进行合理安排，以保证足够的运动量和持续的锻炼效果。

（1）运动类型

根据个体的需求和目标选择适当的运动类型，如有氧运动、力量训练、柔韧性训练等。

（2）运动强度

运动强度应根据个体的体力水平和运动目标进行合理安排。一般来说，运动强度应逐渐增加，以让身体慢慢适应。

（3）运动频率

运动频率应根据个体的时间和条件进行合理安排，一般建议每周至少进行3～5次运动。

（4）运动时间

每次运动的时间应根据个体的体力和运动强度进行合理安排，一般建议每次运动时间在30min以上。

4. 运动训练的监督和调整

在运动实施过程中，应对运动训练进行监督和调整。监督可以确保个人按照运动计划进行锻炼，及时调整运动强度和运动量，避免过度运动或运动不足。调整可以根据个人的身体状况和运动效果进行，以确保运动处方的有效性和适应性。

第三节 锻炼方法及注意事项

一、大学校园简便易行的锻炼方法

大学校园锻炼具有极高的便利性，无论是从设施、时间、社交还是身心健康等方面，都为学生们提供了良好的条件和机会。因此，大学生们应该充分利用这些优势，积极参与校园锻炼，享受运动带来的乐趣和益处。

1. 快走或慢跑

这是最简单、最容易上手的锻炼方式之一，可以选择在校园里的道路、操场或者田径场上进行。每天抽出30min快走或慢跑，可以有效提高心肺功能，同时也有助于燃烧脂肪，保持身材。

2. 骑自行车

如果你有自行车，那么骑自行车也是一个很好的锻炼方式。可以在校园里骑行，或者选择去附近的公园、河边等地方骑行。骑自行车不仅可以锻炼心肺功能，还可以锻炼腿部肌肉，提高身体的协调性和平衡性。

3. 爬楼梯

如果你住在宿舍楼或教学楼的高层，可以选择爬楼梯代替乘坐电梯，这也是一种很好的锻炼方式。

4. 拉伸运动

拉伸运动可以帮助你放松肌肉，缓解疲劳，防止运动伤害。可以在宿舍、教室或者图书馆等地方进行简单的拉伸运动，如伸展手臂、转动脖子、扭动腰部等。

5. 健身操

健身操是一种简单易学的锻炼方式，可以在宿舍或者教室里进行。可以选择一些简单的健身操视频，跟着视频进行练习。健身操可以锻炼全身的肌肉，提高身体的柔韧性和协调性。

二、大学校园锻炼的注意事项

大学校园锻炼具有多方面的优点，不仅有助于身体健康，还能对心理、社交和学业方面产生积极的影响，需要积极参与其中。与此同时有一些注意事项务必要关注。

1. 合理安排饮食和休息

锻炼和饮食、休息是相辅相成的。保持均衡的饮食，摄入足够的营养，有助于身体恢复和增强体能。同时,要保证充足的睡眠和休息时间,避免过度疲劳和受伤。

2. 选择适合的运动

根据自己的身体状况和兴趣选择适合的运动。如果之前没有锻炼的习惯,建议从简单的运动开始,如散步、慢跑等,逐渐增加运动强度。

3. 热身和拉伸

在进行任何运动之前,务必进行热身活动,如轻松的跑步或原地踏步等,以增加关节的灵活性和减少受伤的风险。运动结束后,进行适当的拉伸可以帮助肌肉放松,减少酸痛。

4. 穿着舒适的运动装备

选择透气、舒适的运动服装和鞋子,以提高运动的舒适度和效果。避免穿着过于紧身或松散的衣物,以免影响运动表现。

5. 注意饮食和补水

锻炼前后要注意饮食和补水。避免在锻炼前进食太多,以免在运动中感到不适。同时,确保在运动过程中及时补充水分,避免脱水。

6. 适度锻炼

不要过度锻炼,以免对身体造成伤害。如果感到疲劳或不适,应立即停止运动并寻求医生的建议。

7. 贵在坚持

锻炼是一个长期的过程,需要坚持才能取得良好的效果。设定合理的锻炼目标,并努力保持规律锻炼。

第三章 体育保健

第一节 体育运动卫生与保健

一、体育运动卫生

体育运动卫生是指在体育锻炼过程中应采取的卫生措施，目的是保护并增进人们的健康，增强个人体质。这涉及许多方面，包括生活有序、睡眠卫生、衣着卫生、避免不良嗜好以及心理卫生等。

1. 生活有序

建立合理的作息制度，按时睡觉和起床，形成有规律的生活习惯。这有助于学习和体育活动的进行。不规律的作息可能导致学习效率下降，同时容易在体育活动中增加受伤的风险。

2. 睡眠卫生

睡眠是维持正常生命活动的自然需要，有助于消除疲劳，使人的体力和精力得到恢复。大学生每天应保持7~8h的睡眠，确保室内清洁、温度适宜、空气新鲜，并养成睡前洗脸、洗脚和刷牙的好习惯。避免饮用浓咖啡、浓茶和吸烟，这些都可能干扰睡眠。

3. 衣着卫生

运动时的服装应大小适宜，符合运动要求，透气性好，容易吸汗。特别是在夏季室外锻炼时，应选择浅色运动服，并佩戴遮阳帽，冬季锻炼时则要注意保暖。

4. 避免不良嗜好

吸烟、酗酒等不良嗜好会对身体健康产生严重危害，并影响锻炼的效果。因此，应完全戒除这些不良习惯。

5. 心理卫生

体育锻炼不仅关乎身体健康，还与心理健康密切相关。选择适合的气候条件和空气质量进行锻炼，避免在恶劣环境下运动。此外，噪声也可能对心理健康产生负面影响，因此应避免在无规律、大分贝的噪声环境下锻炼。

6. 运动场地设施和器材的安全卫生

在使用运动场地、设施和器材时，应确保它们的安全和卫生。例如，在选择游泳场所时，应了解水的深浅、水温、水质等情况，确保游泳的安全。

二、体育运动保健

体育运动保健是指在参与体育运动的过程中，采取一系列保健措施，旨在促进身体健康、预防运动损伤，并提高运动表现。体育运动保健的重要作用如下。

1. 增强体质

体育运动可以提升身体各个系统的功能，包括心血管系统、呼吸系统、肌肉骨骼系统等。通过锻炼，可以提高心肺功能、增强肌肉力量、改善身体的灵活性和协调性。这有助于预防疾病、增强体质、提高身体的抵抗力。

2. 促进心理健康

体育运动有助于释放压力、缓解焦虑和抑郁情绪。运动可以促进身体释放内啡肽等化学物质，这些物质能够提升心情、增强自信心和自尊心。同时，运动还可以改善睡眠质量，提高注意力和思维能力，有助于保持积极的心态和良好的心理状态。

3. 预防和控制慢性疾病

体育运动在预防和控制慢性疾病方面发挥着重要作用。定期锻炼可以降低患心脏病、卒中、糖尿病、高血压等疾病的风险。运动还可以改善血脂代谢、减少肥胖和超重等问题，有助于维护健康的体重和身体形态。

4. 提高生活质量

体育运动可以增加人们的社交互动和娱乐活动，丰富生活内容，提高生活质量。通过参与团队运动或集体锻炼，可以结交新朋友、拓展社交圈子，增强社交能力。此外，运动还可以提供一种积极的休闲方式，帮助人们放松身心、减轻疲劳。

5. 促进个人成长和发展

体育运动可以培养个人的毅力、自律能力和团队合作精神。通过持续锻炼和挑战自我，可以增强自信心、培养自律精神，提高解决问题的能力。同时，运动还可以培养竞争意识和集体荣誉感，促进个人在社会中的成长和发展。

第二节 常见运动损伤的初步处理

一、常见运动损伤

1. 常见运动损伤的种类

① 扭伤。这主要发生在关节处,特别是脚踝、膝盖和手腕。扭伤通常是由于关节受到强烈旋转或扭曲而引起的,可能导致疼痛、肿胀和关节的不稳定感。篮球、足球等需要快速移动和转向的运动中扭伤较为常见。

② 拉伤。肌肉或肌腱因过度拉伸或撕裂导致的损伤,常见于大腿、小腿、背部等肌肉群。这种损伤通常会导致疼痛、僵硬和肌肉无力。在举重、跑步、游泳等运动中,由于肌肉和肌腱的过度使用,拉伤较为常见。

③ 骨折。骨头断裂或裂开,可能是由摔倒、碰撞或过度应力引起的。骨折通常会导致疼痛、肿胀和局部变形。在篮球、滑雪、滑板等运动中,骨折的风险较高。

④ 应力性骨折。这是由长时间的重复运动或应力造成的小骨裂纹,常见于跑步者、篮球运动员和舞蹈演员等长时间进行同一运动的人身上。

2. 常见运动损伤的预防

① 热身与拉伸。运动前进行适当的热身活动,如慢跑或动态拉伸,可增加关节灵活性和肌肉弹性,降低受伤风险。

② 逐步提高运动强度。避免突然增加运动量或强度,应遵循循序渐进的原则,使身体逐渐适应运动负荷。

③ 选择合适的运动装备。穿戴合适的运动鞋、护具等装备,为身体提供必要的支撑和保护。

④ 注意运动环境。在平坦、安全的场地上进行运动,避免在湿滑、不平坦的地面上进行运动,以减少摔倒和受伤的风险。

⑤ 保持正确的运动姿势。学习和掌握正确的运动技巧,避免因姿势不当导致的损伤。

⑥ 合理安排运动时间和休息时间。避免长时间进行单一运动,适当安排休息和恢复时间,防止过度疲劳和损伤。

二、常见运动损伤的应急处理方法

1. 擦伤

皮肤的表皮擦伤是常见的运动损伤。如果擦伤较浅,可以涂红药水和碘伏来消毒和防止感染。当擦伤较深有渗血时，应先用生理盐水清创，再涂上红药水或碘伏。

2. 肌肉拉伤

当肌肉因过度拉伸或撕裂而受伤时，应立即停止运动，并在受伤部位进行冰敷，持续约30min，以收缩血管，减少疼痛、充血和水肿。切忌进行搓揉或热敷，因为这可能加重伤情。

3. 挫伤

身体局部受到钝器的撞击所致。轻度挫伤可以局部冷敷，慢慢会痊愈；较重的挫伤建议冷敷后及时就医，在医生的指导下进行相应的治疗。

4. 扭伤

扭伤后应立即停止活动，原地休息，并尽快对受伤部位进行冰敷，以减少肿胀和疼痛。冰敷应持续15min，每2h进行1次，直到肿胀消退。24h后，可以改为热敷，以促进血液循环和消肿止痛。

5. 骨折和脱臼

首先要判断伤势的严重程度，避免触碰伤处，以免加重损伤。封闭伤口，适度包扎，避免过紧导致缺血性坏死。如有出血，应用干净纱布压迫止血，并及时送往医院急救。在搬运过程中，应使用正确的固定方法，避免造成二次损伤。

下篇
实践部分

第四章 田径运动

第一节 田径运动概述

一、田径运动的起源

田径是田赛、径赛和全能比赛的全称，包括田赛、径赛、公路路跑、竞走和越野跑，以及部分田赛和径赛项目组成的"十项全能"。田径是世界上最为普及的体育运动之一，也是历史最悠久的运动项目。

上古时代，人们为了获得生活资料，在和大自然及禽兽的斗争中，不得不走或跑相当长的距离，跳过各种障碍、投掷石块和使用各种捕猎工具。在劳动中不断重复这些动作，便学会了走、跑、跳跃和投掷的各种技能。随着社会的发展，人们有意识地把走、跑、跳跃、投掷作为练习和比赛的形式。

从公元前776年举办的首届古代奥运会开始，到1896年现代奥运会，田径运动始终在奥运当中扮演着重要的角色。

二、田径运动的发展

现代田径运动在17世纪晚期于英国兴起，包括赛跑、竞走等项目。在法国人巴隆·皮埃尔·德·顾拜旦的努力下，第一届现代奥运会于1896年的雅典拉开帷幕。这届奥运会举办时间超过了10天，主要进行的就是田径比赛，总共有来自13个国家的331名运动员（其中250人是希腊公民）参加了角逐。这些田径项目包括了100m跑、1500m跑、110m栏、马拉松、跳远、三级跳远、标枪、铁饼、铅球和跳高等。

1912年7月17日,国际业余田径联合会(IAAF,国际田联前身)在瑞典的斯德哥尔摩正式宣告成立,17个国家的代表出席了这次历史性的大会,各国在本届会议上达成了共识——需要建立一个国际机构来专门负责举办国际性的田径赛事,其中就包括奥运会。此后,34个国家成为国际田联的第一批会员,制订了IAAF章程。

三、田径运动与身体健康

身体素质是体质强弱的标志之一,它是人体各器官系统机能在肌肉工作中的反映。田径运动涉及走、跑、跳、投等,由于身体锻炼项目多,各个项目技术都有其自身的特点,所以对身体各部位都有特定的锻炼作用,因此,参加多种形式的田径运动能发展速度、全身肌肉的力量,提高反应灵敏度、协调性和柔韧性等身体素质。

第二节　田径运动的锻炼方法

走、跑、跳、投是人体最基本的运动技能,是田径运动项目中最基本的活动形式。这些身体技能的掌握是进行其他运动的基础,同时,这些身体技能的状况也是人体健康和精神面貌的一种反映。田径运动有竞技、健身、娱乐等各种特性,练习形式多样,不受人数、年龄、性别、季节、气候等条件的限制,便于广泛开展。

一、健身走

走是人最基本的运动方式,健身走是一种简单易行的运动健身项目,可以促进全身血液循环,提高心肺功能,增强肌肉和骨骼强度,促进新陈代谢,消耗热量,控制体重,使人心情愉快,有益心理健康。

1. 健身走的锻炼方法

① 头部正直,两眼前视,适当挺胸和收腹,保持躯干正直,这样的身体姿态可以使人走得更轻松、更舒适。

② 以肩关节为轴前后摆动手臂,在快速走步时屈肘比较适宜,夹角在80°~100°。适当扭动胯部,有利于增加步幅。

③ 下肢动作主要是以摆动的形式完成的。健身走时,脚跟先落地,然后滚动

到全脚掌，使身体重心快速前移。

④ 步幅和步频应根据个人的身高和腿长合理搭配，步幅自然开阔，步频较快，动作舒展大方。

2. 健身走的运动量与运动强度

（1）脉搏测定法

早晨起床前、锻炼前和锻炼后1h各测一次脉搏，时间为1min。如果运动量小，在锻炼后1h脉搏即可恢复到锻炼前的水平；如果运动量稍大，次日晨脉可以恢复到原来的水平，表明身体能承受这一运动量。如果次日晨脉比以往升高较多而且有疲劳感（无疾病情况下），则表明运动量过大，需要调整。

（2）主观感觉法

运动量安排合适时，工作、学习、劳动更有精力，锻炼后虽略感疲劳，但经过一夜休息疲劳会自然消失。当运动量过大时，早晨起床会感到萎靡不振、全身无力，甚至会有头晕现象，锻炼后会感到极度疲劳，吃不下睡不着，对锻炼有厌倦的感觉，这些说明运动量需要适当调整。

（3）健身走强度的衡量

主要依据人体的脉搏次数来确定。从健身角度来讲，健身走时适宜的脉搏为每分钟100～120次。刚参加锻炼的人应该感到呼吸比较舒服并逐步提高运动强度。由于健身走的时间一般都比较长，运动者可以一边走一边测量脉搏，及时掌握适宜的运动强度。体质一般的成年人通常每周至少步行3次，每次以5～6km的时速走20min，能够获得增氧效果。从消耗多余脂肪和热量的角度来说，一次连续30～45min的健身走，效果不亚于一次剧烈运动。

（4）健身走量的掌握

健身走的量以时间来衡量比较好，而不要以行走的距离来衡量。对于一般锻炼者，连续行走时间以15～30min为宜。行走15min可以达到锻炼身体的最低要求，行走30min就能够达到比较好的锻炼效果。若锻炼者身体比较强壮，又有比较宽裕的时间，进行更长时间的健身走效果会更好，但一定要在自己身体能够承受的范围之内。

3. 健身走应注意的问题

① 选一双合脚的软底运动鞋，缓冲脚底的压力，以防止关节受到伤害。

② 穿一套舒适的运动装，方便运动。

③ 准备一壶清水，可适当加些糖、盐，调节体内电解质平衡。

④ 选择一条合适的运动路线，如公园小径、操场等。

⑤ 选择恰当的时间。最好在每天太阳升起以后或者下午三点后，每次锻炼时间应在半小时以上，每周锻炼至少3次。

⑥ 控制运动量。在运动次日清晨起床前数一下脉搏，如果高于前一天5～10

次/min，则说明身体不适或运动过度，需要调整运动量。

⑦ 做好准备活动。如轻压肌肉和韧带、下蹲运动等。

⑧ 控制好速度。应该根据自己的身体情况合理掌握健身走的速度。

二、跑

1. 跑的基本技术

（1）100m跑的基本技术

起跑的作用是迅速获得向前的冲力，使身体摆脱静止状态，为起跑后加速创造有利的条件。短跑的起跑需采用蹲踞式起跑，并使用起跑器。短跑的起跑过程包括"各就位""预备""鸣枪"三个阶段。

起跑后的加速跑是起跑的延续，作用是在最短时间内尽快发挥出最大的速度。加速跑阶段一般为20～30m，跑时后蹬应快速、充分、有力，摆动腿积极前摆、下压，用前脚掌着地，两脚落地逐渐成一条线，两臂配合两腿快速有力地前后摆动，上体逐渐抬起，并自然转入途中跑。

途中跑的作用是继续保持较长距离的最高速度。途中跑是全程中距离最长、速度最快的部分，也是短跑最重要的部分。途中跑时两臂前后摆动。在途中跑过程中，要求动作轻松有力，协调自然，频率快，步幅大，重心平稳，直线好。

终点跑的作用是尽力保持途中跑的高速度跑过终点。

（2）200m和400m跑的基本技术

① 弯道起跑技术。200m和400m都是弯道起跑，起跑器应安装在弯道起点的外沿，并对着弯道的切线方向。起跑时，左手撑在距起跑线后沿5～10cm处，使身体对着弯道切点。弯道起跑后，为了尽快地通过切点进入弯道，加速距离要缩短，较大前倾的身体要早些抬起。

② 弯道跑技术。弯道跑时，整个身体向内倾斜，沿跑道内沿跑进，右脚以前掌内侧着地，左脚以前脚掌外侧着地，右肩稍高于左肩；右臂的摆动幅度和力量大于左臂，身体向内倾斜的幅度大小主要根据跑速的快慢，速度越快向内倾斜就越大。从弯道跑进直道时，应在弯道的最后几米，逐渐减小身体内倾的程度，做惯性跑2～3步。

③ 中长跑的基本技术

·起跑和起跑后的加速跑。起跑和起跑后的加速跑是比赛开始时，使身体迅速摆脱静止状态，快速跑出并尽快发挥出正常跑速和占据有利的跑进位置的过程。中长跑一般采用站立式起跑。

·途中跑。途中跑是中长跑的重要阶段，重要的技术包括脚部的着地缓冲、腿部的后蹬与前摆、身体的腾空等。在途中跑时上体应采取稍前倾的姿势，两臂前后自然摆动。

2. 健身跑

健身跑是经济、安全、自由的有氧代谢健身方式，并且对人类多种常见疾病有预防的作用。可以作为日常训练中培养耐力的主要手段。健身跑的基本动作如下。

① 上体姿势。身体适当前倾（5°左右）或几乎直立，上坡时需前倾大些，下坡时有一定的后仰，躯干不要左右摇摆，头部与躯干成一直线，面部、颈部肌肉放松，眼平视。

② 腿部动作。两腿循环交替地后蹬与前摆，体弱、肥胖和心肺功能较差者可采用走跑交替的锻炼方法。

③ 臂部动作。健身跑时两臂应稍离躯干，肘关节弯曲约成90°，半握拳以肩关节为轴前后自然摆动，向前摆动时两手不超过身体中线。

④ 呼吸。跑步时的呼吸应自然、有节奏，而且要有适宜的深度，呼吸的节奏应因人而异，一般采用两步一呼、两步一吸或三步一呼、三步一吸等。

三、跳跃

跳跃是非周期性的运动项目，主要包括跳远、跳高、三级跳远等项目。

1. 跳远

跳远的完整技术是由助跑、起跳、腾空和落地4个部分组成的。

（1）助跑

跳远的助跑速度与跳远成绩密切相关。跳远助跑的任务就是获得更快的水平速度，并为准确踏板和快速起跳做准备。助跑的距离因人而异，一般男子为35～45m，18～22步；女子为33～40m，16～20步。在助跑时，一般采用两个标志：第一个标志是助跑的起跑线，第二个标志是在距起跳板6～8m的地方。

（2）起跳

起跳时，应充分利用助跑所获得的速度，在较短的时间内，创造尽可能大的腾起初速度和适宜的腾起角。起跳技术分为三个动作阶段：起跳脚的着地、缓冲和蹬伸。

① 起跳脚的着地。在助跑最后一步，支撑的摆动腿积极后蹬，起跳腿积极前摆，大腿抬得比短跑时低一些，然后快速有力地下压，几乎是全脚掌迅速滚动，起跳脚与地面的角度是60°～70°。

② 缓冲。起跳脚着地至膝关节的弯曲程度达最大时，这一动作过程为缓冲阶段。缓冲的作用主要在于减缓起跳的制动力，减少助跑速度的损失，积极前移身体，为蹬伸创造有利条件。

③ 蹬伸。蹬伸阶段是由起跳腿膝关节最大弯曲开始，至起跳脚蹬离地面瞬间终止。起跳蹬伸时，整个身体快速向上伸展，起跳腿的髋、膝、踝各关节要充分伸展。两臂前后摆起，肩、腰向上提起。起跳腿与地面的夹角为75°左右。

（3）腾空和落地

起跳离地后，人体向空中腾起，并在空中完成各种动作，空中姿势有蹲踞式、挺身式、走步式三种，常用的是蹲踞式和挺身式。

① 蹲踞式。在完成空中动作即"腾空步"后，摆动腿大腿抬高，两臂摆向体前，起跳腿由体后屈膝向前上方提起，与摆动腿靠拢，身体成"蹲踞"姿势，然后两大腿向前上方收举，双膝接近胸部，两臂由体前摆向体后，小腿前伸准备落地。

② 挺身式。起跳腾空后，摆动腿的大腿积极下压，小腿随之向下，向后方摆动，留在体后的起跳腿与向后摆的摆动腿靠拢。当达到腾空最高点时，身体充分伸展，形成"挺胸展髋"的姿势。两臂上举或后摆，然后收腹举腿，双腿前伸，完成落地动作。

2. 背越式跳高

跳高技术经历过跨越式、剪式、滚式、俯卧式和背越式的五次变革，使跳跃的高度不断上升。

（1）助跑

一般采用弧线助跑，助跑开始的前四步与加速跑相似，但后四步由于呈弧线，所以跑动中整个身体应向弧心倾斜，最后两步身体内倾。

（2）起跳

背越式跳高利用弧线助跑和身体的内倾，使起跳腿着地时将水平速度转变为垂直速度。起跳脚要在身体重心前踏上距横杆投影线50～80cm的起跳点，首先以脚跟外侧触及地面，然后迅速滚动到全脚掌并用力踏跳。在起跳脚落地时，摆动腿蹬离地面后迅速屈膝摆腿，同时重心紧跟上体积极前移，使起跳缓冲，当身体重心移动到支撑点上方时，身体由倾斜转为正直，摆动腿和两臂迅速向上摆，同时起跳腿积极蹬地，完成起跳动作。

（3）过杆和落地

起跳离地后，身体自然沿纵轴旋转，背对横杆，当头和肩越过横杆后，立即仰头、屈肩，摆动腿膝部放松，起跳腿离地后自然下垂，两臂自然置于体侧，两膝在杆上稍分开，两小腿自然下垂，身体在杆上形成背弓的姿势。顺序为：头、肩、背、臀部、大腿、小腿依次过杆，最终以肩背先着垫。

3. 跳跃的练习方法

（1）助跑练习

① 提高蹬地力量和增大步幅的加速跑，距离30～50m。

② 踏点节奏跑，点间距1.7m左右。

（2）助跑与起跳相结合的练习

① 原地模仿起跳。体会蹬与摆、上下肢的协调配合。

② 在20～30m距离行走中连续完成起跳技术模仿练习。

③ 在40～50m距离内连续三步助跑起跳成腾空步练习。

④ 短、中距离助跑起跳成腾空步练习。

（3）蹲踞式跳远腾空和落地练习

① 原地双脚跳过栏架，体会蹲踞式跳远起跳后的收腿动作。

② 上一步起跳做蹲踞式跳远练习。

③ 做4～8步助跑蹲踞式跳远练习。

④ 中程、全程的蹲踞式跳远练习，并在练习中固定起始点，找出起跳点。

（4）挺身式跳远腾空和落地练习

① 行进间挺身式空中动作模仿练习。

② 从高处跳下，完成挺身式空中模仿动作。

③ 短、中距离助跑，挺身式完整跳远练习。

四、投掷

投掷项目包括标枪、铁饼、链球、铅球、实心球等。投掷项目能有效地增强手臂、肩带、腰腹、腿部的力量素质；发展柔韧性、协调性和快速用力的能力；培养果断、刻苦的意志品质。

1. 握器械的基本要求

投掷项目虽然器械的形状、重量和具体的投掷方法各不相同，但其基本要求相同。

① 要保持人体运动中器械的相对稳定性，便于对器械的控制和产生良好的肌肉感觉，能保证身体在快速移动变化中，保持身体与器械良好的方向、角度和位置关系。

② 便于助跑，有利于做动作和发挥速度与力量。

③ 要求指、腕、臂、肩适度放松，使上肢肌肉和本体感受器对器械有良好的感觉和有效的控制，有利于动作自然、协调和连贯，使力量最后全部作用到器械上。

2. 助跑的基本要求

① 要在助跑中使器械与人体成为一体。在快速复杂的动作变化中，必须有良好感受器械所处位置和方向的能力，维持人体重心和器械合理的运动轨迹。

② 维持良好的身体平衡，有利于逐渐加速。

③ 合理调整和处理好头与非投掷臂的正确姿势。
④ 根据规则要求，充分利用场地逐渐加速，并保持良好的节奏感。
⑤ 要求做好超越器械的动作，形成最后用力的良好姿势。

3. 最后用力的基本要求

投掷中的最后用力是整个技术中最主要的部分。它的作用是通过助跑获得预先速度，经过稳定有力的支撑，合理地通过身体（躯干和投掷臂）以最快的速度集中作用到器械上，使器械在适宜角度下向远处掷出。投掷器材有的可自制，如小沙包、实心球等；正规的体育器材有铅球、标枪等。

第三节　田径运动的基本规则

一、径赛项目的基本规则

1. 跑步项目中的名次判定

在田径比赛中，所有赛跑项目参赛者的名次取决于其身体躯干（包括头、颈、臂、腿、手或足）抵达终点线后沿垂直面为止时的顺序，以先到达者名次列前。在任一赛次中，按成绩录取进入下一赛次时如遇运动员成绩相等，则终点摄像主裁判应考虑有关运动员的1/1000s的实际成绩。如果成绩依然相等，则有关运动员均应进入下一赛次。如实际条件不允许，应抽签决定进入下一赛次的人选。在决赛中第一名成绩相同，裁判长有权决定是否重赛，若无条件重赛，则并列第一；至于其他名次成绩相同，按并列处理。

2. 分道

运动员在所有短跑、跨栏和4×100m接力赛中自始至终都必须在自己的跑道里。800m和4×400m接力赛，在自己的跑道里起跑，当运动员通过抢道标志线以后才能离开自己的跑道，切入里道。运动员的跑道由技术代表抽签确定。第二轮开始的各轮比赛，跑道的选择还需依据运动员在上一轮的比赛结果，如排名前4位的运动员抽签后分别占据第3、4、5、6跑道，后4名抽签排定第1、2、7、8跑道。

3. 接力赛

4×100m接力赛是分道进行的，接棒者可以在接力区前10m内起跑。接力赛中，运动员必须在20m的接力区内完成交接棒。"接力区内"的判定是根据接力棒的位置，而不是根据参赛者的身体或四肢的位置。在4×400m接力赛中，第一棒全程及第二棒的第一弯道是分道跑，第二棒运动员要跑至抢道线后方可自由抢道。第一棒的传接必须在参赛者指定的跑道内进行，其余各棒的传接，裁判员根据第二及第三棒运动员通过200m起点处的先后,按次序让其第三及第四棒的队友在接力区内,由内至外排列等候接棒。所有接棒者均不可在接力区外起跑。接力棒必须拿在手上,直到比赛结束为止。完成交接棒后,运动员应留在本队的跑道中以免因影响他人而被取消比赛资格。任何人掉了棒,必须由其本人拾回,而且要在不影响别人的情况下,越出自己的跑道以拾回接力棒。

二、田赛项目的基本规则

1. 有效成绩

除犯规外,跳跃远度项目比赛中,运动员每次试跳的成绩均为有效成绩。除犯规外,跳跃高度项目比赛中,运动员每次跳过的高度为有效成绩。投掷项目比赛除犯规以外,当运动员投出的器械完全落在落地区内(不包括落地区边线)才算有效,丈量成绩时从距离投掷区最近的落地点算起。其中标枪必须是枪尖先触地成绩才算有效。

2. 裁判员的旗示

在跳跃项目比赛中,通常有一名主裁判手中持有红旗、白旗各一面,用来示意运动员试跳是否成功。举红旗表示试跳失败,成绩无效;举白旗表示成功,成绩有效。在投掷项目比赛中,通常有两名主裁判,其中站在投掷区附近的称为内场主裁判,主要判定运动员在试投过程中是否犯规;在落地区内的称为外场主裁判,主要判定器械落地点是否有效。

三、观赛礼仪

① 观摩比赛应提前入座,这样既尊重运动员,也不影响他人观看比赛。
② 颁奖升旗奏歌时,应肃静起立,不要谈笑或做其他事情,以示尊重。
③ 运动员出场时,观众应该给予鼓励和掌声,不只给予本国的和自己喜欢的运动员,还应包括其他运动员。
④ 当运动员开始跳跃、投掷项目助跑时,观众可以根据运动员的助跑节奏鼓掌,注意不要在看台上随意走动。
⑤ 在一些长距离项目中,如马拉松,当远远落后的运动员坚持到终点时,观众应该把最热烈的掌声送给这些运动员,为其重在参与的精神鼓掌。

第五章 篮球运动

第一节 篮球运动概述

扫码即可观看

一、篮球运动的起源与发展

篮球运动是1891年由美国马萨诸塞州斯普林菲尔德市基督教青年会训练学校体育教师詹姆士·奈史密斯博士为了提高学员们对体育课的兴趣而发明的。最初的篮球比赛规则很简单，对于场地大小、参加人数多少、比赛时间长短都没有统一的规定。1892年奈史密斯制定了第一部13条的原始规则，目的是使篮球游戏在公平对等的条件下进行，同时不允许粗野动作的发生。

1915年美国制定了全国统一的篮球竞赛规则，并翻译成多种文字，向全世界发行。1932年，刚诞生的国际篮联以美国大学使用的篮球规则为基础，制定了第一份世界统一的竞赛规则。随着篮球运动的发展，场地设备得到改进和完善，规则也不断地增删和变化。

1932年6月18日在瑞士日内瓦成立了国际业余篮球联合会（简称国际篮联）。1936年第11届奥运会上，男子篮球被列为正式比赛项目。1950年和1953年分别举行了第一届世界男篮和世界女篮锦标赛。1948年起，在许多国家的少年儿童中开始出现小篮球活动，受到国际篮联的重视，于1968年成立了"国际小篮球委员会"。1976年第21届奥运会又增加了女子篮球比赛。

20世纪60年代，各国在重视发展高度的同时，加强了高大队员技术和灵活性的训练。20世纪60年代中期，美国迪安·史密斯提出攻守平衡的理论，使世界各国开始重视进攻和防守的均衡发展，特别是防守有了新的发展和突破。防守不再是消极的，在防守的选位上改变了过去"以人为主""以区域为主"的观念，而是"以球为主"，使防守具有集体性、积极性、攻击性和破坏性。

20世纪70年代，世界强队的身高增长到惊人的程度，这些高大队员既有高度，又有速度，能里能外，技术全面，充分体现了"大个队员小个化"的特点。快攻成为各队进攻中首先采用的锐利武器。

二、篮球运动与身体健康

篮球运动中不仅需要利用身体和技术，还需要运用智慧去思考和判断，因此对于反应能力的锻炼是显而易见的。参与篮球运动在促进骨骼发育的同时还可以促进血液循环，提升心肌收缩能力。由于肌肉的紧张活动，心肌的血液供应和代谢加强，心肌纤维增粗，心壁增厚，心脏体积增大，搏动有力。这也是治疗心血管病的良方。

篮球是场上5个人共同奋力拼搏的运动，特别强调团队意识、团结协作。在参与篮球运动的过程中，可以培养顽强拼搏的意志品质和自我心理调节能力，逐步形成健康、开朗、自信等良好心理状态，提升个人的沟通能力、交际能力和领导能力。

第二节　篮球运动的基本技术

一、移动

1. 起动

从基本站立姿势开始，向某个方向起动，用同方向的异侧脚的前脚掌短促有力地蹬地，同时重心快速移动，手臂协调摆动，利用蹬地的反作用力迅速向运动方向迈出。

2. 跑

在做左右变向时，变向前最后一步一脚的脚掌内侧用力蹬地，同时脚尖稍内扣，迅速屈膝，腰部随之转动，上体向转动方向前倾，移重心，转动后前脚迅速迈出。

3. 急停

急停是指在快速运动中突然制动的一种方法，是各种脚步动作衔接和变化的过渡。

（1）跨步急停

空中将球接住，在身体继续前移时，一脚先着地，成为中枢脚。这就是两步节拍中的第一拍。当另一只脚向前移动时,中枢脚稳稳支撑住自己。另一只脚落地,即完成第二拍。双脚平稳着地取得良好的平衡位置,一只脚在前,另一只脚在后。

(2)跳步急停

跑动中用单脚或双脚起跳,使双脚稍有腾空。上体后仰,双脚平行或前后站立,形成进攻基本站立姿势。要求落地轻盈。空中时向任何一方自然侧转,以缓和前冲速度,落地后迅速降低重心,保持身体平衡。

4. 转身

转身是指队员以一脚为中轴脚进行旋转,另一脚向前后跨出,改变原来的身体方向。转身在比赛中运用广泛,经常与其他动作组合运用。

5. 滑步

滑步是防守时移动的一种主要方法,易于保持身体平衡,可向任何方向移动。

图 5-1

6. 后撤步

撤步时,用前脚掌内侧蹬地,同时腰部用力向后转动,后脚踮地,前脚快速后撤,紧接滑步调整防守位置。

图 5-2

7. 跳

（1）双脚跳

起跳时，两膝弯曲降低重心，两脚用力蹬地，同时提腰摆臂向上跳起，腾空时身体自然舒展控制平衡。落地前脚掌先着地，缓冲后接下一动作。

（2）单脚跳

起跳时，踏跳脚脚跟先着地，迅速过渡到前脚掌用力蹬地，同时提腰提肩，另外一条腿快速屈膝上提，当身体达到最高点时，摆动腿自然伸直与起跳腿合并。落地时两脚分开与肩同宽，注意屈膝缓冲，接下一动作。

二、传接球技术

1. 双手胸前传球

双手持球置于胸腹之间，两肘自然弯曲于体侧，身体成基本站立姿势，两眼平视传球目标，传球时后脚蹬地发力，身体重心前移，两臂前伸，两手腕随之旋内，拇指用力下压，食指、中指用力拨球并将球传出。球出手后两手略外翻。

图 5-3

2. 单手肩上传球

双手持球于胸前，两脚平行开立，右手传球时，左脚向传球方向跨出半步，右手靠左手拨送球的力量将球引至右肩上方，右肩关节引展，大小臂自然弯曲，手腕稍向后屈，持球的后下方，左肩对着传球方向，重心落至右脚上。传球时，右脚蹬地发力的同时转体带动上臂，以肘领先于前臂，手腕前屈，食指、中指、无名指用力拨球将球传出。

3. 单手体侧传球

图 5-4

双脚开立，双手持球于胸前，右手传球时，左脚向左侧前方跨步的同时将球引至身体右侧呈右手单手持球，出球前的一刹那，持球的手拇指在上，手心向前，手腕后屈，传球时，前臂向前做弧形摆动，手腕前屈，食指、中指、无名指拨球将球传出。

图 5-5

第三节　篮球运动的基本战术

篮球战术是篮球运动中的宏观概念，是指导已经掌握了篮球基本技术的篮球运动员更好参加比赛的行动指南。

一、篮球的进攻战术

1. 传切配合（图5-6）

传切配合是队员利用传球和切入组成的简单配合。

(1)配合方法

⑤传球给④后,立即摆脱对手❺向篮下切入,接④的回传球投篮。

(2)配合要点

切入队员要掌握好切入时机,利用好假动作和速度;传球队员注意用假动作吸引牵制对手。

(3)易犯错误

切入时动作的突然性不够;切入时没有明显的动作、方向和速度的变化;持球队员给切入队员的传球不及时、不到位,隐蔽性不强。

2. 突分配合(图5-7)

突分配合是持球队员在突破过程中受到防守队员阻截时,及时将球传给无人防守或已摆脱防守的同伴为同伴创造进攻机会的配合方法。

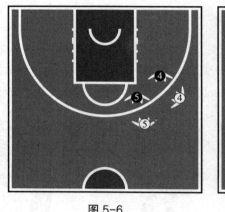

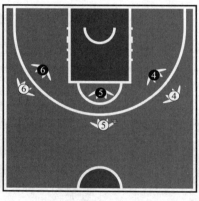

图5-6　　　　　　　　　　图5-7

(1)配合方法

⑤从防守者的左侧突破,❹协防,封堵⑤向篮下突破的路线,此时④及时跑到有利的进攻位置,接⑤的球投篮。

(2)配合要点

突破动作快速突然,既要做好投篮的准备,也要随时准备分球。

(3)易犯错误

突破时只看球篮没有随时观察场上攻守队员的位置与行动,分球不及时。配合队员选位摆脱时间、位置与距离不当。

3. 掩护配合(图5-8)

掩护配合是进攻队员选择正确的位置,用自己的身体以合理的技术动作挡住防守同伴的对方队员的移动路线,使同伴借以摆脱防守,获得进攻机会的配合方法。

(1)配合方法。

⑤传球给④后跑到❹的侧面做掩护,④接球后做投篮或突破的动作,吸引❹,当⑤到达掩护位置时,④持球从❹的右侧突破投篮。⑤掩护后及时移动到有利的位置去接球或抢篮板球。

(2)配合要点。

掩护队员的行动要隐蔽快速;被掩护队员要注意用假动作吸引对手,当同伴到达掩护位置时,摆脱对手动作要突然、快速。

(3)易犯错误。

掩护的位置、距离及掩护动作不合理。掩护者没有隐蔽自己的行动意图,被掩护者没有运用假动作吸引对手。掩护队员做掩护后没有及时转身护送或参与配合进攻。

4. 策应配合(图5-9)

策应配合是进攻队员背对或侧对球篮接球后,以他作为枢纽,配合同伴的切入或掩护,形成的一种里应外合的配合方法。

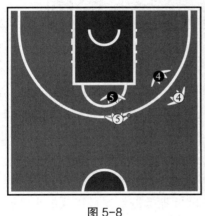
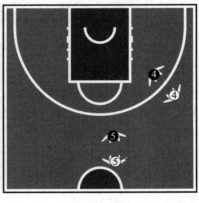

图5-8　　　　　　　　　　图5-9

(1)配合方法

④摆脱防守插到罚球线做策应,⑤将球传给④并立即空切篮下,接④的策应传球投篮。

(2)配合要点

策应者要及时抢位,传球人要及时地将球传到策应者远离防守的一侧。

(3)易犯错误

策应队员摆脱抢位不及时、不主动;策应队员接球后重心太高;策应队员没有随时注意观察场上情况,不能及时地将球传给获得有利进攻机会的同伴或自己寻找机会进攻;策应配合时的位置、距离不适宜。

5. 运球突破快攻（图5-10）

防守队员获得球后，在不能快速传球时，采用运球突破（改变方向和位置），这种快攻特点是发动和接应融为一体，常常难以堵截，能发挥个人攻击的积极性和主动性。但推进速度较慢。

（1）配合方法

⑤抢到篮板球后，传球给接应的⑥，⑥快速运球从中间突破，⑦⑧沿边快下，④⑤跟进，⑥传球给机会较好的⑦或⑧上篮。

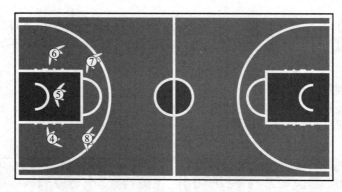

图 5-10

（2）配合要点

快攻的发动和接应意识一定要强，积极主动，获球后要先远后近，传好一传；在快攻中要以传球推进为主结合运球突破，加快进攻速度；结束部分要敢打，以个人攻击为主吸引防守。

（3）易犯错误

获得球后，快速进攻意识不强，行动迟缓；获得球的队员没有及时观察场上情况，不能尽快完成快攻第一传；快攻推进过程中没有保持纵深队形；快攻推进过程中，盲目运球；快攻结束阶段同伴投篮后，没有跟进队员。

二、篮球的防守战术

1. 球在正面时全队防守方法（图5-11和图5-12）

球在左后卫❽手中时全队防守的方法，❽持球时❽紧逼；❼、❹错位防守，不让⑦、④接球。❼、❹向❽靠近，防止❽向中路突破，❺绕侧或绕前防⑤；❻远离⑥靠近篮下，补防限制区。

球在右后卫④手中时全队防守的方法，④持球❹紧逼；❻、❽错位防守不让⑥、⑧接球；❼、❺远离自己的对手补防限制区。

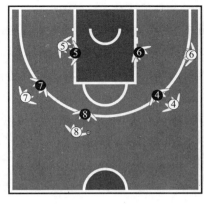 

图 5-11　　　　　　　　　图 5-12

防守基本要求：由攻转守时，每个队员都要快速退回自己的后场，找到对手，组成集体防守。根据对手、球、球篮，选择有利位置，有球紧，无球松；近球紧，远球松；积极移动，控制对手。要做到球、人、区兼顾，与同伴协同防守，破坏对方进攻配合，加强防守的集体性。

2. 球在侧面时全队防守方法（图5-13和图5-14）

球在左前锋⑦手中时全队防守的方法，⑦持球时❼紧逼；❺侧前站立，防止⑤接球；❽向❼靠近，"关门"协防；❻、❹收缩防守，防止高吊球或背向插入。

球在右前锋⑥手中时全队防守的方法，⑥持球❻紧逼；❹向❻靠近，"关门"协防；❺、❼、❽收缩防守并补防限制区。

防守基本要求：由攻转守时，每个队员都要快速退回自己的后场，找到对手，组成集体防守。根据对手、球、球篮，选择有利位置，有球紧，无球松；近球紧，远球松；积极移动，控制对手。要做到球、人、区兼顾，与同伴协同防守，破坏对方进攻配合，加强防守的集体性。

图 5-13　　　　　　　　　图 5-14

3. 全场紧逼人盯人防守

全场紧逼人盯人防守战术是由攻转守时，防守队员在全场范围内各自紧逼自己对手的一种攻击性较强的防守战术。它要求防守队员在全场始终紧逼自己的对手，积极阻挠对手，破坏对方集体配合造成对方打法紊乱，为本队争得比赛的主动。

防守基本要求：由攻转入守时，全队思想、行动要一致，要以压倒的声势，要迅速找人，紧逼各自的对手，在全场范围积极展开防守；每个队员要抢占有利的位置，紧逼自己的对手，人球兼顾，积极阻挠对手移动、接球、运球、投篮等进攻行动，严密控制，使对手被动或造成失误、违例。全队要相互呼应，前后、左右照应，充分利用堵截、夹击、换防、补防等配合，及时破坏对方的进攻配合，要近球紧逼、远球稍松。

第四节　篮球运动的基本规则

一、场地和区域

篮球比赛场地是一个长方形的坚实平面，无障碍物。奥运会篮球比赛和世界篮球锦标赛的比赛场地长度为28m，宽度为15m。其他比赛长度可减少4m，宽度减少2m，但变动需互相成比例。天花板或最低障碍物的高度至少应为7m。

篮球场长边的界线称边线，短边的界线称端线。球场上各线都必须十分清晰，线宽均为0.05m（5cm）。中线应向两侧边线外各延长0.15m（15cm）。以中线的中点为圆心，以1.80m为半径（半径从圆周的外沿量起），画一个圆圈称中圈。

三分投篮区是由场上两条拱形限制出的地面区域，在此区域外投篮得3分。罚球区是限制区加上以罚球线中点为圆心、以1.80m为半径向限制区外所画的半圆区域，是执行罚球的区域。

二、比赛通则

1. 比赛时间

① 按照国际篮联（FIBA）的规定，正式比赛的时间分为四节，每节10min，中场休息时间为15min，第1、2节之间和第3、4节之间休息2min。因此，一场正式比赛的时间为40min，再加上中场休息和每节间休息，总共约为2小时。如果比赛时间结束时两队分数相同，则进入加时赛，加时赛的时间为5min。加时赛结束后如果仍然平局，可继续进行5min加时赛，直到分出胜负。

② 美国职业篮球联赛（NBA）的比赛时间为四节，每节12min，中场休息时间为15min，每节结束时有2min的休息时间。因此，一场NBA比赛的时间为48min，再加上中场休息和每节间休息，总共约为两个半小时。NBA加时赛的时长也是5min。

2. 得分

球投进篮筐经裁判确认后，被认定为得分。3分线内投入计2分；三分线外投入计3分；罚球投进计1分。

3. 暂停

① 在国际篮联（FIBA）的规则中，每队在每节比赛中有2次暂停机会，并且在加时赛中还有额外的暂停次数。与NBA不同，FIBA规则中没有官方暂停，所有的暂停都是球队主动申请的。

② 在NBA比赛中，每队在上半场（前两节）可有2次暂停，在下半场（后两节）可有3次暂停，其中最后1次暂停必须在最后2min内使用。加时赛期间，每队将获得3次暂停机会。暂停时间分为长暂停和短暂停，长暂停通常为100s，短暂停为20s。当球队申请暂停时，裁判员会鸣哨并招呼球队回到比赛场地上，暂停结束。

4. 换人

每场比赛的换人次数不限，只要符合换人条件，球队可以随时换人。但每次换人时，要确保场上人数不超过5人。

三、违例

1. 进攻违例

当球员用肘部或肩膀推搡对方球员，或者利用手臂护住球时推或拉对方球员，都会被判定为进攻违例。

2. 防守违例

防守球员在尝试抢断时，不能拉拽或击打对方的手臂，也不能侵犯对方的圆柱体，比如用胸部去顶对方。

3. 回场违例

当进攻方由于失误或未接到队友传球导致篮球越过中线，或者进攻球员脚部不小心踩到中线，都会被视为回场违例。

4. 投篮违例

球员投篮后，若篮球砸到篮筐弹起并落在篮板上沿，则被视为投篮违例。

5. 掩护违例

进攻球员持球时，若防守球员遇到进攻方队友的掩护，而进攻方队友移动脚步或用身体阻挡防守球员，将被视为掩护违例。

6. 携带球

球员在持球或运球过程中将球停留在手上，即为携带球违例。

7. 妨碍发球

球员在对方发球时站在发球区内或妨碍对方发球，也是违例行为。

8. 非法指导

球员在比赛中对队友或对手进行非法指导或交流，同样被视为违例。

9. 时间违例

① 5s违例。掷界外球时5s没有将球掷出；场上持球队员在5s内没有传、投、运；罚球时裁判员递交球后，罚球队员5s内未投篮。

② 8s违例。进攻队员8s内未使球进入前场。

③ 24s违例。进攻球队在24s内没有尝试投篮且篮球没有触及篮圈。

10. 篮筐干扰

球员不能触碰篮筐或篮板，也不能在篮下停留或阻挡对手的投篮路径。

四、犯规

篮球犯规是指在篮球比赛过程中，球员或球队违反了比赛规则，从而被裁判判罚的行为。这些犯规可以包括多种类型，下面列举了一些常见的犯规类型。

1. 个人犯规

包括推撞、撞击对手球员，拦截、脱力、抓挡、恶意犯规等。若一名球员的个人犯规次数达到规定次数（例如，在NBA和国际篮联的规则中，一节比赛中犯规达到5次），该球员将被判罚离场。

2. 技术犯规

这类犯规涉及故意妨碍比赛进行以及侮辱对手、观众或裁判等不当行为。技术犯规会导致对方获得罚球并保持球权。

3. 投篮犯规

这种犯规发生在对手投篮时，投篮犯规的罚球次数取决于投篮是否成功以及投篮的位置。如果投篮成功，只罚1次；如果投篮不成功，在三分线内罚2次，在三分线外罚3次。

第六章 足球运动

第一节 足球运动概述

扫码即可观看

一、现代足球的起源与发展

现代足球始于英国。1863年10月英格兰成立了世界上第一家足球协会，并统一了足球运动的竞赛规则，足球运动逐步从欧美传入世界各国，尤其是在一些文化发达的国家更为盛行。越来越多的人走向球场，投身到这一富有刺激性和畅快感的运动中去，以至于一度将足球运动开展得好坏作为衡量一个国家文化发达与否的标志。

1896年，第一届现代奥运会在希腊举行时，足球就被列为比赛项目。1928年奥运会结束后，国际足联召开代表会议，一致通过决议，举办四年一次的世界足球锦标赛。

1904年5月21日，国际足球联合会（简称国际足联，英文缩写为FIFA）在法国巴黎圣奥诺雷街229号法国体育运动协会联盟驻地的后楼正式成立，法国等7个国家的代表和代理人在有关文件上签了字。1904年5月23日，国际足联召开了第1届全体代表大会，法国的罗伯特·格林被推选为第一任主席。1905年4月14日，英格兰足协加入国际足球联合会。国际足球联合会的创建，标志着足球作为一项世界性的体育运动项目登上了世界体坛。国际足联是世界足球运动的最高权力机构，总部设在瑞士苏黎世希茨希11号国际足联大厦。国际足联的宗旨是促进国际足球运动的发展，发展各足球协会之间的友好联系。国际足联的最高权力机构是代表大会，每两年举行一次。

二、足球运动的主要赛事

1. 世界杯

世界上最受欢迎的体育赛事之一。1930年，首届世界足球锦标赛在乌拉圭举行，以后每隔4年举办一次。

2. 欧洲杯

欧洲足球锦标赛，简称"欧洲杯"，是由欧洲足球协会联盟主办的最高级别国家级足球赛事。首届欧洲杯比赛于1960年在法国举行，当时仅有4支队伍参赛。随着足球运动在欧洲的普及和发展，欧洲杯的参赛队伍逐渐增多，赛事规模也不断扩大。截至目前，欧洲杯已经举办了多届比赛，产生了众多冠军球队。西班牙足球队和德国足球队都多次夺得欧洲杯的冠军。

3. 其他重大赛事

英格兰超级足球联赛（英超）、意大利足球甲级联赛（意甲）、西班牙足球甲级联赛（西甲）、德国足球甲级联赛（德甲）、法国足球甲级联赛（法甲）是欧洲著名的足球五大联赛。各大联赛内部的足球俱乐部云集世界优秀的足球运动员、教练，组成技术水平较高的球队进行比赛。

当今世界的足球运动发展迅速，除以上重要赛事外，还有众多的联赛（如荷甲、比甲、瑞甲、芬超、葡超、日本职业足球联赛、美国职业大联盟等）和众多的杯赛（如美洲杯、南美解放者杯、亚洲杯、非洲杯、奥运锦标赛、世界青年锦标赛、女足世界杯等）。

三、足球运动与身体健康

足球是一项团队运动，因此也是构建心理健康的一种重要手段。踢足球随时都需要队友的配合，在参与足球运动时，可以深刻感悟到团结协作的重要性。参与足球运动时动作和反应都要快，要能根据变化的形势迅速地改变动作和运动方向，掌握时机，因此，在复杂而多变的比赛中，参与者思维会更敏捷，判断会更准确，视野会更开阔，意志品质会更顽强。

第二节　足球运动的基本技术

一、颠球

1. 脚尖拉挑球

用脚的前脚掌往后拉球，然后用脚尖将球挑起来。其具体动作是：一只脚站在地上作为支撑脚，另一只脚的前脚掌踏在球上，先轻轻用力将球往后拉，待球向后滚动时，踏球的脚迅速插到球的下方，脚掌着地，当球滚上脚背时，脚尖稍翘起，用力向上将球挑起（图6-1）。

图 6-1

2. 脚背正面颠球

当球落至膝关节以下时，用一只脚的脚背正面（系鞋带的前半部位）击在球的底部，将球向上颠起（图6-2）。

图 6-2

3. 脚内侧颠球

用脚弓部位连续接触球。这种颠球方法与民间"踢毽子"的方法相似。其动作方法是当球落至膝关节高度时，用一只脚的脚弓部位轻击球的底部，将球向上颠起（图6-3）。

4. 脚外侧颠球

支撑腿的膝关节微屈，上体向支撑腿一侧稍倾斜，重心落在支撑腿上。当球下落至膝关节稍下时，颠球腿屈膝，小腿向上向外摆起，脚腕向外翻，使脚外侧向上，几乎成水平状态，用脚外侧轻击球的下中部，将球向上颠起（图6-4）。

图 6-3

图 6-4

5. 大腿颠球

用大腿颠球时，颠球腿的大腿屈膝上摆，当大腿摆到成水平状态时击球，向上颠起（图6-5）。

图 6-5

6. 头颠球

两腿左右分开或前后分开，膝关节微屈，两臂屈肘自然张开，头微微向上抬起，两眼注视球。当球下落至前额正面高度时，两腿微微蹬地、伸膝，颈部轻轻向上用力，用前额正面击球下中部，将球向上颠起（图6-6）。

图 6-6

7. 肩部颠球

两脚自然左右分开，两臂自然下垂或微屈肘，头微微向上抬起，两眼注视球。当球下落至接近颠球一侧肩部高度时，肩部上耸，击球下中部，将球向上颠起（图6-7）。

图 6-7

二、踢球

在众多的踢球技术动作中，最容易学会，也是最常用的踢球方法就是脚内侧踢球，俗称脚弓踢球（图6-8）。脚内侧踢球，就是用从脚尖开始到脚后跟为止的内侧部位（包括脚弓）踢球。这种踢球方法由于脚与球的接触面大，容易踢得准，也容易学会。同时由于踢球时摆动幅度小，踢球力量不大，因此常用于作短距离传球（图6-9）。

脚内侧踢球采用直线助跑，支撑脚（稍屈膝）站在球侧，踢球腿由后向前摆动，接近球时用脚弓部位对准球的后中部击出，球就沿着地面向前滚动，人随着踢球时的运动惯性，自然地向前走几步。这里需要提醒的是：要想使脚弓对准球，就必须把脚横过来，使脚成横的"一"字形。脚腕（踝关节）要用力，这样击球才有力量，同时也不会使脚腕受伤（图6-10）。

三、过顶球

在比赛中经常会看到进攻队员想传球给同伴，但中间有一名防守队员在阻拦，于是他就将球踢过防守者的头顶，从空中越过中间的障碍，把球传给同伴。

脚背内侧踢球，是用大脚趾及第二脚趾以上的脚背内侧部位击球。踢球时采用斜线助跑，助跑方向与出球方向大约成45°角。助跑的最后一步稍大一些，支撑脚（稍屈膝）站在球的侧后方，脚尖指向出球方向。支撑脚着地的同时，踢球腿由后向前摆动，当快接近球时，小腿突然加速摆动，脚背绷直，以脚背内侧部位击球。击球后，人随着踢球时的运动惯性，继续向前走几步。脚背绷直就是脚趾用力向下扣紧，脚背自然就绷直了。击球的部位，可随踢球者的需要而决定。以踢定位球为例：如想踢出地滚球，就击球的后中部，踢球腿向前摆动；如想踢过顶球，则击球的后下部，踢球腿向前上方摆动；如想踢会拐弯（旋转）的球，则击在球的后侧部，也就是用脚背内侧去"削球"，摆动腿向侧前方摆动。这种加旋转力量的踢法，常用于主罚任意球射门或踢角球及传球绕过防守队员，能收到出其不意的效果（图6-8）。

图 6-8

四、脚部接（停）球

1. 接（停）地滚球

根据来球的路线，选择好接球的位置，并及时移动到位。支撑脚正对来球，膝关节微屈，接球脚稍提起（低于球的高度）并屈膝，脚内侧对准来球，当脚与球接触前的一刹那，接球脚往后撤，在后撤过程中触球。这样可以缓冲来球的力量，稳稳地把球接住。接球脚后撤的速度，要根据来球的速度而定，来球速度快，接球脚后撤的速度相应也要加快，并且后撤的幅度要加大，这样才能有效地化解来球的力量（图6-9）。

图 6-9

2. 脚内侧接（停）空中球

动作方法基本与接地滚球的方法相同，不同的是：接球脚提起的高度要视来球的高度而定；脚弓对准来球，在接球前，接球脚要向前伸出去迎球，当脚接触球前的一刹那，随球的运行路线后撤，在后撤过程中触球，将球接住。

3. 脚内侧接（停）反弹球

方法与前两种接球方法稍有不同。首先要判断好来球的落点，支撑脚踏在落点的侧前方，稍屈膝，上体稍前倾并向停球方向微转，接球脚提起，用脚内侧对准球的反弹路线。然后当球落地刚反弹时，用脚内侧挡压球的中上部（图6-10）。

图 6-10

五、胸部接（停）球

1. 挺胸式接（停）球

一般用于接高于胸部的来球。其动作方法是：根据来球的运行路线，选择好接球位置，并及时移动到位。面对来球，两脚前后（或左右）站立，两臂屈肘自然张开，将胸部打开。两腿微屈，两眼注视来球。当球从空中下落与胸部接触前的一刹那，上体后仰，两脚蹬地，膝关节伸直，上体上挺，用胸部触球，使球微微向上弹起。触球时不能抬头，否则球会弹到下颌（图6-11）。

图 6-11

2. 收胸式接（停）球

一般用于接齐胸或略低于胸部的平直球。其动作方法的选位、移动、站立与挺胸式相同，不同的是当球运行到快接近胸部时，先挺胸迎球，在胸部与球接触前的一刹那，身体重心迅速向后移，同时收胸收腹。在收胸、收腹、重心向后移的过程中触球，以缓冲来球的力量，将球接住（图6-12）。

图 6-12

在运用胸部接球方法时,要根据来球的不同路线及高度,选用合适的接球方法,并运用胸部与球接触前的身体转动,将球接在下一个动作所需的位置上。如需要把球接在身体的右侧时,则在胸部触球前的一刹那,身体迅速向右转体同时用胸部触球,使球落在身体的右侧(图6-13)。

图 6-13

六、运球

1. 脚背正面运球

适用于直线运球,大多在前方有较大的纵深距离,又无对手防守,需在快速运球的情况下运用。其动作方法是运球跑动时,身体自然放松,上体稍前倾,两臂自然摆动,步幅不宜过大。运球脚提起,膝关节稍屈,脚跟提起,脚尖向下,在迈步向前着地前用脚背正面推球的后中部(图6-14)。

2. 脚背内侧运球

适用于变方向运球,大多在向里(即向支撑脚一侧方向)改变方向时,并需

图 6-14

要用身体掩护球的情况下运用。其动作的要点是：身体稍向运球方向侧转，重心在支撑脚上，运球脚脚跟提起，脚尖稍外转（用大脚趾对准球），膝关节微屈，在迈步向前着地前用脚背内侧推、拨球前进（图6-15）。

图 6-15

3. 脚背外侧运球

由于这种运球方法既能充分发挥跑动快的优势，又能利用身体掩护球，还能运用脚腕的灵活性，随时改变运球方向，因此在实战中被普遍采用。其动作方法是运球跑动时身体自然放松，上体稍前倾，两臂屈肘自然摆动，步幅不宜太大。运球脚脚跟提起，脚背绷紧，脚尖稍内转，膝关节微屈，在迈步向前着地前，用脚背外侧推、拨球前进（图6-16）。

4. 脚内侧运球

这种运球方法是众多运球技术中速度最慢的一种。但由于在运球过程中，

图 6-16

用身体将防守者与球隔开，使防守者不易抢到球，因此是一种比较安全的运球方法。一般在进攻受阻，需重新寻找突破方向或传球对象时使用。其动作方法是运球跑动时，支撑脚踏在球的侧前方，膝关节微屈，上体稍前倾并向有球的一方扭转（这样有利于用身体掩护球），运球脚提起，用脚内侧推球前进（图6-17）。

图 6-17

第三节　足球运动的基本战术

一、比赛阵型

比赛阵型是指比赛场上队员的位置分布，是攻守力量搭配和职责分工的形式。比赛阵型要根据本队特点和参赛队的特点来选择。现代足球的特点是采用

"全攻全守"型打法，常用阵型有 4-3-3、4-4-2 及 5-3-2、3-5-2、4-2-4 等。

二、进攻战术

1. 个人进攻战术

即每个参赛队员在场上运用个人技术进行跑位、传球、运球突破、协同进攻等技术的总称，是足球比赛的基础。

2. 局部进攻战术

比赛中二人或三人有组织地配合进攻。

3. 全队进攻战术

（1）边路进攻

在对方半场两侧地区发动的进攻称边路进攻。由于边线地区防守人数少，区间大，因此从该区进攻容易奏效。边路进攻主要由个人突破，中锋、前卫、边卫也可起到边锋作用，最后阶段将球传向中区，由中锋包抄射门。

（2）中路进攻

在对方半场中间地带发动的进攻为中路进攻。中路进攻能直接威胁防守方球门，因此防守方必须层层布防，这就要求进攻队员必须积极策应、跑位，以打乱对方的布局。中路进攻通常通过中锋的切入与插上的前卫之间的配合或个人运球突破等，渗透到有效射门区域射门。

三、防守战术

1. 选位与盯人

防守队员选择的位置，原则上是站在对手与本方球门中心所构成的直线上，与对手的距离要根据场区以及球所处的位置来决定。要盯紧有球对手和逼近球门的无球对手，针对对方的主要得分手，要实行紧逼盯人防守，同队其他队员则应注意选位与保护。

2. 保护与补位

保护与补位是局部地区集体防守的基础，保护是补位的前提，没有保护也不可能有效地补位，防守队员补同伴在防守中出现的漏洞称为补位，是防守队员之间互相协助的集体防守战术。

3. 全局防守战术

全局防守战术包括盯人防守、区域防守和混合防守三种。

第四节　足球运动的主要规则

一、场地和区域

足球场地必须是长方形，其长度和宽度的具体尺寸根据不同级别的比赛有所不同。

一般来说，国际比赛标准足球场地长度最短为100m，最长为110m；宽度最短为64m，最长为75m。而世界杯决赛阶段的比赛场地标准则为长度105m，宽度68m。

场地内应划出比赛场地，线的宽度一律为8cm。球门应设在两条球门线的中央，由两根内侧相距7.32m的直立门柱与一根下沿离地面2.44m的水平横梁连接而成。

在场地四周，特别是沿球门线、边线外，为避免观众和球员受伤，应树立拦网或栏杆，其高度需在6m以上。若球场边线设有座位（或固定座位），则需离边线至少1.5m以外。

另外，场地内还需划出大禁区（罚球区）、小禁区（球门区）、中圈区以及角球区等特定区域，这些区域的尺寸也有相应的规定。

二、比赛通则

1. 比赛时间

足球比赛时间按照国际足联规定，正常的一场比赛时间为90min，分为上下两个半场，每个半场45min，中间双方有10～15min的休息时间。然而，这个时间并不固定，比赛过程中可能会因犯规、球员受伤等突发情况而短暂地终止比赛，所以在每个半场时间到时会进行相应的补时，补时时间根据比赛过程中终止比赛的时间长短而定，具体由裁判决定。

如果双方在90min的比赛后尚未决出胜负，可能会进行加时赛。加时赛的时间为30min，分为上下两个半场，每个半场15min，中间休息5min。如果加时赛后双方比分仍然相同，将进行点球大战来决定胜负。

2. 得分

在足球比赛中，当球的整体从球门柱间及横梁下越过球门线，而此前未违反竞赛规则，即为进球得分。赢得比赛的是进球数较多的队伍，如果两队进球数相同或均未进球，则比赛为平局。

3. 犯规

（1）直接任意球犯规

球员使用草率、鲁莽或过分力量违反规定，如踢、绊、跳向、冲撞、打、推、抢截对方队员。

球员拉扯、对对方队员吐唾沫或故意手球（守门员在本方罚球区内除外）。

（2）间接任意球犯规

守门员在本方罚球区内犯规，如持球超过6s、未经其他队员触及再次用手触球、用手触及同队队员故意踢给他的球或直接掷入的界外球。

其他队员犯规，如危险动作、阻碍对方队员进攻或阻挡对方守门员发球等。

（3）其他犯规

① 越位。在进攻时，传球或射门瞬间，接球的队员比最后一名防守队员和门将更靠近球门线。

② 抬脚过高。故意将脚抬得很高，威胁对方球员的安全。

③ 粗野行为。使用粗野、暴力的行为。

④ 假摔。故意摔倒以欺骗裁判。

⑤ 延误比赛。故意拖延比赛时间，如在死球时不及时将球踢出。

⑥ 推人。用手或身体推搡对方球员。

⑦ 阻碍守门员。故意阻碍守门员的视线或移动。

第七章 排球运动

第一节 排球运动概述

扫码即可观看

一、排球运动的起源与发展

排球运动1895年起源于美国，由美国马萨诸塞州霍利沃克城的基督教青年会干事威廉·摩根（W.G.Morgan）首创，1964年被列为奥运会项目。排球运动诞生之初，是作为一种娱乐性较强的游戏被人们所接受的。人们隔网拍打，追击嬉戏，以不使球落地为乐趣。最初的排球技术简单而粗糙，仅仅是以手拍击球而已。打法也只是争取一次击球过网。人们在实践中逐渐体会到，一次击球过网不一定是最佳方式，有时从前网近网处甚至跳起击球过网，反而能够创造更好的获胜机会，于是出现了多次击球的打法，集体配合战术萌发。

1946年8月26日，法国、捷克斯洛伐克、波兰3国排球的代表在布拉格召开会议，倡议成立国际排球联合会。1947年4月间，国际排联在巴黎正式召开成立大会。会议制定了国际排联宪章；选举了法国的鲍尔·利伯为第一任主席；指定巴黎为总部所在地，英语和法语为联合会工作语言；成立了技术委员会、竞赛委员会和裁判委员会，并正式出版通用国际排球竞赛规则。同时会议决定于1948年在罗马举行欧洲男子排球锦标赛，1949年在布拉格举行世界男排锦标赛。国际排联的成立标志着排球运动从娱乐游戏时代进入了竞技时代。其后，国际排联出色地领导和组织了一系列世界大赛。这些比赛已经形成传统，每两年或四年举行一次，延续至今。

二、国际和国内排球比赛

1. 世界排球大赛

① 世界锦标赛：世界上最早且规模最大的排球比赛。

② 世界杯赛：原为欧、亚、美三大洲的排球赛，1984年经国际排联批准扩大为世界性比赛。

③ 奥运会排球赛、奥运会沙滩排球赛、残奥会坐式排球赛：1964年在日本东京举行的第18届奥运会上，排球比赛被正式列为奥运会比赛项目。沙滩排球于1996年亚特兰大第26届奥运会上被列为正式比赛项目，1980年莫斯科举行的第6届残奥会，男子坐式排球第一次作为正式比赛项目；2004年在雅典举行的第12届残奥会，首次将女子坐式排球列为正式比赛项目。

④ 世界青年锦标赛：始于1977年，最初每四年一次，以后改为每两年举行一次，参赛队员年龄不超过20岁。

⑤ 世界少年锦标赛：始于1989年，第1届少年男排锦标赛在阿联酋、女排在巴西举行，以后每两年举行一次，参赛队员年龄不得超过18岁。

⑥ 世界沙滩排球锦标（巡回）赛：始于1989年，最初称为沙滩排球大奖赛，首届比赛分别在巴西、意大利、日本和美国分4站进行，1997年改为世界沙滩排球锦标（巡回）赛，每年举行一次。

⑦ 世界男排联赛和世界女排大奖赛：世界男排联赛始于1990年，每年举行一次，采用主客场制。世界女排大奖赛始于1998年，每年举行一次，采用巡回赛的方法进行。

2. 国内大型排球比赛

① 全国运动会排球赛。全运会是检阅各省、市体育运动水平的综合运动会，四年举行一次。

② 全国城市运动会排球赛。城运会是检阅各省、市体育运动后备人才的盛会，四年举行一次。

③ 全国排球联赛。1996年后采用主客场赛制。

④ 全国排球优胜赛。是检阅各省、市高等院校体育技能水平的盛宴。

三、排球运动与身体健康

参与排球运动可以锻炼身体的灵活性，因为在排球运动中经常要有弹跳扣球的动作，所以对于大腿以及腰腹部的肌肉有比较好的塑形作用，可以有效减少腿部、腰腹部的赘肉。打排球时经常需要使用手臂进行接球、垫球，无形中对手臂上的三阳经与三阴经等经络进行了拍打和刺激，达到运动中保健的作用。

第二节 排球运动的基本技术

一、准备姿势

运动员在起动、移动和击球前所采用的合理身体姿势，称为准备姿势。合理的准备姿势是指既要使身体重心处于相对稳定的状态，又要便于移动和完成多项击球动作，为迅速起动、快速移动及击球创造最好的条件。依据比赛中（或练习中）完成各项技术动作的需要，按照身体重心的高低，准备姿势可分为一般准备姿势、后排防守准备姿势和前排保护准备姿势三种。

1. 一般准备姿势

两脚左右开立与肩同宽，一脚在前，两膝微屈，身体重心位于两脚之间，并稍靠近前脚，后脚跟稍提起，上体稍前倾，两臂放松，自然弯曲置于腹前。两眼注视球并兼顾场上各种情况，两脚保持微动状态。

2. 后排防守准备姿势

两脚开立略比肩宽，两膝弯曲，脚跟自然提起，上体前倾，重心靠前，膝部的垂直线应在脚尖前面，两臂放松，自然弯曲置于腹前，两眼平视，注意来球，两脚始终保持微动。

3. 前排保护准备姿势

身体重心比后排防守准备姿势更低更靠前，两脚左右、前后的距离更宽一些，膝部弯曲的程度大于后排防守准备姿势，身体重心要更靠前，肩部垂直线过膝，膝部垂直线超过脚尖，两手臂置于胸腹之间。

二、移动步法

① 并步。两脚前后站立与肩同宽，两膝微曲，上体稍前倾，两手自然放松置于腰腹。并步时，前脚向来球方向跨出一步，后脚迅速蹬地跟上，并做好击球前的姿势。并步的特点是容易保持身体平衡，便于做击球动作。并步可向前、后、左、右各方向移动。

② 滑步。连续并步就是滑步。

③ 交叉步。两脚左右开立。向右侧交叉步移动时上体稍向右转，左脚从右脚前向右交叉迈出一步，然后右脚再向右侧方向跨出一大步，同时重心移至右脚，身体转向来球方向，保持击球前的准备姿势。交叉步的特点是步子大、动作快，便于制动。

④ 跨步。跨步前膝部弯曲，上体前倾，身体重心移至跨出脚上。跨步时，一脚用力蹬地，另一脚向来球方向跨出一大步，后脚随重心前移自然跟上，两臂做好迎球动作。跨步的特点是跨距大，便于向前、斜前方降低重心进行低点击球。

三、传球技术动作分析

1. 正面传球

面对传球目标的传球称正面传球，是传球中最基本的方法，是掌握和运用其他各种传球技术的基础。采用一般准备姿势，上体稍挺起，仰头看球，两手自然抬起，屈肘，放松置于额前。当来球接近额前时，开始蹬地、伸膝、伸臂，手指微张从脸前向前上方迎出。全身各部位动作应协调一致。初学传球时，击球点尽量要求在前额的正前上方约一球距离处。手触球时，十指应自然张开使两手成半球状，手腕稍后仰，以拇指内侧、食指全部、中指的二三指节触球的后下部，无名指和小指在球两侧辅助控制球的方向。两拇指相对近"一"字形（图7-1）。

图 7-1

2. 背向传球

背对传球目标的传球称背向传球。背向传球是传球技术中的一种基本方法，在比赛中运用较多。上体比正面传球时稍后仰，双手自然抬起置于脸前。抬上臂、挺胸、上体后屈。背传时，下肢蹬地的方向接近与地面垂直，通过展体、挺胸、抬头的动作，使抬臂、伸肘、送肩的协调用力方向偏向后上方。因此，背传的击球点应保持在头上方，这样更便于向后上方用力。手形与正面传球相同，但触球时手腕要稍后仰，掌心向上，拇指托在球下，击球的下部。

四、垫球和挡球

1. 垫球

垫球是接发球、接扣球以及后排防守的主要技术动作，是组织反攻战术的基础。垫球时两手掌根相靠，两手手指重叠，手掌互握，两拇指平行向前，手腕下压，两前臂外翻成一个平面，即叠指式。常用的双手垫球手形还有抱拳式和互靠式。垫球的动作要领是两臂前伸插球下，两臂夹紧腕下压；蹬地跟腰前臂垫，击球点尽量在腹前；撤臂缓冲接重球，轻球主动抬送臂（图7-2）。

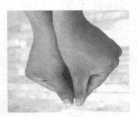

图 7-2

2. 挡球

来球高，速度快，力量大，不便于传球和垫球时，用双手或单手在胸部以上挡击来球称为挡球。其特点是伸手动作快，挡击胸、肩部以上高度的来球较方便，可扩大防守范围，是垫球的重要补充。但挡球不便于协调用力，因而控制球的落点和方向比传、垫球差。挡球有双手挡球和单手挡球两种。挡球手型可分为抱拳式和并掌式两种。抱拳式是两肘弯曲，一手半握拳，另一手外抱，两手掌外侧所组成的平面朝前；并掌式是两肘弯曲，两手虎口交叉，两手掌外侧合并成勺形的击球面朝前（图7-3）。

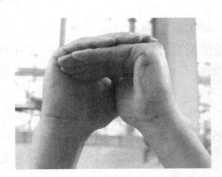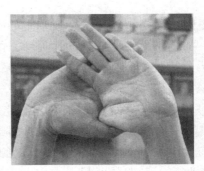

图 7-3

五、发球

1. 正面上手发球

正面上手发球是指发球队员面对球网站立，利用收腹转体动作带动手臂加速挥动，在头的右前上方用全手掌击球过网的发球方法。这种发球击球点高，可以充分利用胸腹和上肢的爆发力，加之运用手掌的推压动作使球呈上旋飞行，不易出界，因此具有较强的攻击性和较高的准确性（图7-4）。

2. 正面下手发球

正面下手发球是指发球队员面对球网，手臂由后下方向前摆动，在体前腹部高度击球过网。其特点是动作简单，容易掌握，准确性高。但由于击球点低，球速慢，攻击性不强。这种发球方法，在比赛中已很少采用，适合初学者进行接发球练习和教学比赛（图7-5）。

图 7-4

图 7-5

六、正面扣球

正面扣球是扣球技术中最基本的一种。由于面对球网，便于观察，准确性较高，加之正面扣球挥臂动作灵活，能根据对方防守情况，随时改变扣球的路线和力量，控制落点。初学者必须掌握好正面扣一般球后，再学习其他扣球技术。

① 准备姿势。站在离网3m左右处，两脚自然开立，两膝微屈，上体稍前倾，两臂自然下垂，观察二传来球，随时准备向各个方向助跑起跳。

② 助跑。助跑是为了获得一定的水平速度，增加弹跳高度，并且选择适当的起跳点。助跑的时机、方向、步法、速度、节奏是根据来球的方向、速度和弧线来决定的。因此，要全面熟练掌握一步、两步、三步及多步助跑的步法。以两步助跑为例：助跑时，左脚先向前迈出一步，接着右脚再迅速跨出一大步，左脚及时并上，落在右脚侧前方，两脚尖稍内收准备起跳。助跑的第一步要小，目的是对正上步的方向，使身体获得向前的水平速度，第二步要大，目的是接近球和提高助跑的速度，右脚落地支撑点在身体重心之前，有利于制动。

③ 起跳。在助跑跨出最后一步的同时，两臂绕体侧向后引，左脚在落地制动的过程中，两臂自后积极向前摆动，随着双腿蹬地向上起跳，两臂配合起跳用力上摆。

④ 空中击球。起跳后，挺胸展腹，上体稍向右转，右臂向后上方抬起，身体成反弓形。挥臂时，以迅速转体、收腹动作发力，借此带动肩、肘、腕各部位关节成鞭甩动作向前上方挥动。击球时，五指微张成勺形并保持紧张，用全手掌包满球，以掌心为击球中心，击球的后中部，同时主动用力屈腕屈指向前推压，使扣出的球加速上旋。击球点在起跳和手臂伸直最高点的前上方。

⑤ 落地。空中完成击球动作后，身体自然下落，为了避免腿部负担过重，应双脚的前脚掌先着地，同时顺势屈膝，缓冲身体下落的力量。

七、拦网

1. 单人拦网

队员面对球网，两脚左右开立，约与肩同宽，距网30～40cm，两膝微屈，两臂屈肘置于胸前。常用的步法有一步、并步、交叉步、跑步等。无论采用哪种移动步法，都要做好制动动作，以保证向上起跳，避免触网和冲撞同队队员。拦网的移动方向主要是两侧和斜前方。移动时采用的步法可归纳为："前一步、近并步、中交叉、远跑步"（图7-6）。

2. 双人拦网

由前排两个队员互相靠近，同时起跳组成拦网。双人拦网时，应以一人为主拦队员，另一人为配合队员。两队员之间距离太远，跳起后将出现"空门"；距离太近，起跳时互相干扰，致使双方都跳不高。双人拦网起跳时，两人的手臂应该在体前划小弧向上摆伸，都要尽量垂直向上起跳，要防止互相碰撞或干扰。手臂在空中既不能重叠，造成拦击面缩小，又不能间隔太宽，造成中间漏球（图7-7）。

图 7-6　　　　　　　　图 7-7

3. 拦网动作

拦网击球时，两臂应尽量伸直，两肩尽量上提，前臂要靠近球网，两手间距离应小于球体的直径，以防止漏球。起跳时，两手从额前沿球网向上方伸出，两臂伸直并保持平行，两肩上提。拦球后，要做含胸动作，以保持身体平衡。手臂要先后摆或上提，从网上收回至本方上空，再屈肘向下收臂，以免触网。与此同时屈膝缓冲，双脚落地，随即转身面向后场，准备接应来球或做下一个动作准备（图7-8）。

图 7-8

第三节　排球运动的基本战术

一、阵容配备

阵容配备是参赛队根据比赛的任务、本队战术组织的特点及队员的身体情况，有针对性地、合理地安排出场队员及位置分工，充分地调配力量，科学地组合人员的筹划过程。目的在于把全队的力量有效地组织起来，扬长避短，最大限度地发挥每一个队员的作用和特长。阵容配备遵循"择优、攻守均衡、相邻默契、轮次针对、优势领先"原则。阵容配备的形式如下。

1."四二"配备

由4名进攻队员（两名主攻队员与两名副攻队员）和2名二传队员组成，他们分别站在对角的位置上。这样每个轮次前后排都能保持有一名二传队员，两个进攻队员，便于组织和发挥本队的攻击力量。目前在水平一般的球队中，采用这种配备形式的较多。

2."五一"配备

由5名进攻队员和1名二传队员组成。队员位置的站位与"四二"配备基本相同。只是一名二传队员作为接应，二传主要承担进攻任务。这样可以加强拦网和进攻力量。接应二传也可弥补主要二传队员有时来不及传球所出现的被动局面，但主要还是承担进攻任务。目前在水平较高的队中普遍采用这种配备形式。

当二传轮转到后排时，可采用插上进攻形式，组织前排进行三点进攻。

二、交换位置

1. 前排队员之间的换位

为了便于组织进攻战术，把二传队员换到2号位或3号位。为了加强进攻力量，把进攻力量强的队员换到便于扣球的位置上，如右手扣球队员换到4号位，扣快球的队员换到3号位，左手扣球队员换到2号位等。为了加强拦网，抑制对方的重点进攻，把身材高大或弹跳力好及拦网能力强的队员换到3号位，或与对方主攻队员相对应的位置上。

2. 后排队员之间的换位

为了发挥个人特长，后排队员各自换到自己熟悉的防守区进行专位防守。为了在比赛中便于运用行进间"插上"战术，把二传队员换到1号位或6号位，以缩短插上时的距离。根据临场情况，把防守能力强的队员换到防守任务较重的区域，把防守能力弱的队员换到防守任务较轻的区域。

3. 前、后排队员之间的换位

在排球比赛中，每队的6名球员必须在本队赢得发球局后按顺时针方向轮换位置。这样的轮换可以确保每个球员在前排的三个位置和后排的三个位置中的每一个位置轮流出现，从而充分发挥每个球员的特长。

第四节　排球运动的主要规则

一、场地和区域

排球比赛的场地是一个长方形区域，场地内还设有多个特定区域。

1. 比赛场区

长18m，宽9m，由中线的中心线分为两个相等的场区。每个场区各划一条距离中线中心线3m的进攻线，中线与进攻线之间为前场区。

2. 无障碍区

比赛场区四周至少有3m宽的无障碍区，从地面量起至少有7m的无障碍空间。国际比赛的场区边线外的无障碍区至少5m，端线后至少9m，上空的无障碍空间至少12.5m。

3. 换人区

两条进攻线的延长线之间，记录台一侧边线外的范围为换人区。换人时，运动员上、下场必须从换人区上、下场。

4. 发球区

在两边的端线外，两条边线的延长线上，各划两条长15cm、垂直并距离端线20cm的短线，两条短线之间为发球区。发球区的深度延至无障碍区的终端。

5. 准备活动区

在两个无障碍区外的替补席远端，划3m×3m见方的区域为准备活动区，供替补运动员做准备活动。

二、比赛通则

1. 比赛时间

（1）热身和开场时间

每场比赛开始前，球队需要进行热身和准备活动，以确保球员的身体状况达到最佳状态。热身时间通常为10～20min，开场时间则为5～10min。

（2）局间休息时间：每局比赛结束后，球队有10～15min的休息时间。

（3）技术暂停：在每局比赛中，当比分达到8分和16分时，各有一次技术暂停，暂停时间为1min。

2. 得分

（1）发球得分

当发球方成功地将球发到对方场地，而对方未能有效地接住或回击球，发球方便得一分。这包括发球直接得分，即对方没有接住发球，以及发球后对方未能成功回击。

（2）进攻得分

球队通过扣球、吊球等进攻手段，将球打入对方场地并成功落地，从而得分。

（3）拦网得分

在对方进攻时，球队通过拦网将球挡回对方场地并成功落地，也可以得分。

（4）对方失误得分

当对方在比赛中出现犯规或失误，如触网、过中线、连击等，球队也可以获得得分。

3. 犯规

（1）发球违例

① 发球队员在击球时或击球起跳时，踏及场区（包括端线）或发球区以外地面。

② 发球队员在第一裁判鸣哨8s内未将球击出。

③ 球未被抛起或未使持球手清楚撤离就击球。

④ 球抛起准备发球，却未击球。

（2）位置错误

发球队员击球的瞬间，对方6名队员都必须在规定的位置上。

（3）后排违例

后排队员不能参与拦网，进攻只能在3m进攻线后起跳，踩到3m线即判后攻违例。

（4）击球犯规

① 球队在接球过程中，最多只能触球两次（发球接发球除外），超过则判为四次击球犯规。

② 队员在击球时没有清晰地将球击出，或接触球时有较长的停滞，如捞、捧、推掷、携带球都应判持球犯规。

③ 一名队员连续击球两次，或球连续触及其身体的不同部位，则为连击犯规。

（5）触网犯规

比赛时身体任何部分（不含头发）触及球网都属违例，会判对方得分。最常见的触网犯规是拦网或扣球落地前身体或手臂触碰到球网。

（6）进攻犯规

后排进攻的球员如果在进攻过程中越过3m线，并获得得分，将会被判为违例球。进攻球员在攻击球时，不可以进行挑球、拦网或干扰对方。

（7）拦网犯规

拦网是排球比赛中非常重要的一环，但同时也容易发生犯规，具体的拦网犯规情况需根据比赛规则和裁判的判罚来确定。

第八章 乒乓球运动

扫码即可观看

第一节　乒乓球运动概述

一、乒乓球运动的起源与发展

乒乓球起源于英国，是由网球发展而来的。19世纪末，欧洲盛行网球运动，但由于受到场地和天气的限制，英国有一些大学生，在室内以餐桌做球台，用书或以两把高背椅子挂上一根线当作球网，采取软木或橡胶做成的球，以羊皮纸贴成的长柄椭圆形空心球拍，在台子上将球打来打去。记分方法有每局10分、20分、50分和100分多种，球台和球网无统一规定，发球也无严格限制，以后逐渐成了一种家庭娱乐活动。

1890年左右，英格兰著名越野跑运动员詹姆斯·吉布（James Gibb）从美国带回赛璐珞球。由于当时普遍使用的是羊皮纸球拍，击球和球碰球台后发出"乒乓"（Ping-Pang）的声音，人们便模拟其声音而称为"乒乓球"。

最初的球拍是两面贴羊皮纸的空心球拍，其后改用木板拍。乒乓球运动最初的球拍主要由简单的木板制成，表面覆盖柔软的木材或牛皮纸。这种球拍轻便但摩擦力较小，无法充分施展球技。1902年出现了颗粒胶皮拍，这种球拍由于表面覆盖有颗粒状胶皮，增加了摩擦力和旋转性，使得乒乓球技术得以丰富和发展。20世纪中叶，随着乒乓球技术的不断提高，对球拍性能的要求也越来越高，海绵材质的乒乓球拍应运而生。海绵拍不仅更加绿色环保，还大大提高了球拍的弹性，满足了乒乓球技术发展的需求。1959年国际乒联才作出了球拍规格化的决定（方案是中国提出的）。以后又出现了长胶、中长胶粒球拍，防弧球拍，生胶球拍，两面不同性能球拍等，现在又出现了歪把球拍和扣握式球拍等。

二、乒乓球运动与身体健康

乒乓球运动可以根据自身情况调整运动量，可以全力以赴拉弧圈，大汗淋漓，想省力时也可以采取防守策略，四两拨千斤。乒乓球是最好的有氧运动，长期锻炼对人的心肺功能具有极大的好处。乒乓球运动的一大特点是脑力与体力充分结合。想要在乒乓球竞争中取得主动，不仅要有良好的基本技术，打球时还要不断观察分析，通过分析对方的站位、球路、特长和弱点，做出正确的判断。打球的同时脑海里需要构建路线图，用以"算计对手"，才能百战不殆。

第二节　乒乓球运动的基本技术

一、握拍

1. 快攻型直拍握法

球拍柄右侧贴在食指的第三关节处，以食指的第二关节压住球拍的右肩，食指的第一关节自然向内弯曲。拇指的第一关节压住球拍的左肩（拇指与食指之间的距离要适中）。其他三指自然弯曲斜形重叠，以中指第一关节托于球拍背面1/3上端，使球拍保持平稳。这种握拍技术手腕比较灵活（图8-1）。

图 8-1

2. 弧圈型直拍握法

在正手拉弧圈球时，拇指、中指和无名指协调用力，中指和无名指略微伸直，以利于出手击球时较好地保持拍形的前倾。这种握拍技术的优点是手腕比较灵活。正、反手的结合比较容易，处理台内球也较好。缺点是拍形不易固定，对正手大角度球和扣杀较高的球难处理（图8-2）。

3. 削攻型直拍握法

直拍削攻型的握拍技术是拇指自然弯曲，紧贴拍柄左侧，第一指节用力下压，其余四指自然分开托住球拍背面。削球时，主要以中指、无名指、小指用力，食指

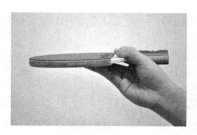 

图 8-2

紧托住球拍辅助用力。反手削球时，利用手腕把球拍兜起使拍柄向下，有利于加转削球。由防守转为进攻时，把食指移到拍柄的右侧扣住拍柄。这种握拍技术在削攻结合时手指要来回变换握法，反手攻球时，更受限制，不如横拍方便（图 8-3）。

4. 横拍握拍技术

横拍攻击型（包括快攻和弧圈两种）和削攻型握拍技术基本相同，可分为浅握和深握两种。浅握时，以中指、无名指、小指自然地握住拍柄，拇指在球拍的正面轻贴在中指旁边，食指自然伸直斜放于球拍的背面，虎口轻微贴拍。深握与浅握基本相同，但虎口紧贴球拍（图 8-4）。

图 8-3　　　　　　　　图 8-4

二、基本站位、姿势

1. 基本站位

进攻型打法的基本站位为：距离球台端线 50cm 左右，擅长近台进攻的选手，站位可再稍近些，擅长中近台进攻的选手，站位可稍靠后些。擅长正手侧身抢攻的运动员，可站在球台偏左侧。擅长打相持球或反手实力较强的运动员，可站于球台中间略偏反手的位置。

削攻型打法的基本站位为：距离球台端线 100～150cm，多在球台中间略偏反手的位置。进攻能力强的，站位可稍近些。以防守为主的选手，站位可稍远些。

2. 基本姿态

进攻型打法的基本姿势为：（以右手执拍为例）两脚开立，比肩稍宽，左脚稍前，右脚稍后，前脚掌内侧着地，脚后跟略提起。两膝自然微屈，重心在两脚之间，含胸收腹，身体略前倾。肩关节放松，执拍手位于身前偏右处，球拍略高于台面。

削球打法的基本姿势与进攻型打法略同，不同之处在于：两脚间距较宽，重心稍低，右脚在左脚之前，上体前倾较少，执拍手位于胸前。

3. 基本步法

（1）单步

以一脚为轴，另一脚向前、后、左、右不同方向移动，重心随之跟上。具有移步简单、灵活、重心平稳的特点。它适用于来球速度慢，离身体不远的小范围内击球，如接近网短球，离身体不远的削球、搓球等。另外，还有为了移动脚更好的起动，为轴的脚往往先在原地有一调整重心的单步动作。

（2）并步

先以来球异方向的脚向同方向的脚并一步，然后同方向的脚再向来球的方向迈一步，重心随之交换。其特点是：身体不腾空，重心起伏小，很稳定。一般在来球的球速不快且球离身体不远时使用，如横拍快攻选手的两边摆速练习，削球的左右移动，快攻，拉弧圈球等常用这种移动方法。

（3）垫步

两脚的前脚掌同时上下轻轻跳一下或踮一下，有时两脚不离开地面。垫步可向前、后、左、右移动，它的要点主要体现在"垫"上，垫的动作幅度比正常步法要小许多，在进行定点单个技术连续打时，要注意运用垫步去保持击球动作与步法协调性与连贯性。

（4）跨步

以一脚蹬地，另一只脚向来球方向腾空跨出一大步，身体重心随即移到摆动脚上，另一只脚跟着移动。其特点是速度快，幅度范围比单步、并步移动大。进攻型选手多用于扑打正手球，削球选手多用于对对方突然的攻击。

（5）跳步

以来球异方向的脚用力蹬地为主，使两脚同时或几乎同时离地向来球的方向跳动，蹬地用力大的脚先落地，另一脚紧跟落地。它可向前、后、左、右、原地等跳动。其特点是：快速、灵活。移动的幅度比单步、并步大，有短暂的腾空时间。靠膝关节和踝关节的缓冲来减少重心的起伏。快攻打法用跳步侧身进攻较多，弧圈球打法在中台左右移动或侧身移动时常用。搓球、削球时用跳步调整站位较多。

三、发球

发球是乒乓球运动各种类型打法技术中的重要技术，亦是乒乓球比赛开始先发制人第一板的重要技术。

1. 低抛发球技术

（1）正手平击发球

平击发球，是初学者最基本的发球方法，一般不带旋转。动作要点：手掌伸平，球置于掌心上，将球几乎垂直向上抛起（抛球高度约20cm），当球下降至距离台面10～15cm时迅速向前挥拍击球，拍形稍前倾，触球部位为球的中上部；击球后的第一落点，应落在本方球台靠近端线的位置。

（2）正手发右侧上旋斜线急球（奔球）

球速快、角度大、突然性强，并向右侧偏拐，是直拍快攻打法常用的发球。动作要点：当持球手将球向上抛起后，持拍手随即向右后上方引拍，上臂向后引拍时，手腕手指要放松，拍面较垂直；当球从高点下降至离台面约10cm高度时，上臂带动前臂由右后方向左前方挥摆，同时腰髋也由右向左转动；击球时，在拍面触球的一瞬间，拇指用力压拍左肩，手腕手指同时从后向前使劲抖动弹击，球拍沿球的右侧中部向中上部摩擦球；球离拍后，由于具有强烈的右侧上旋力，使球越网后向对方右角偏斜前进。

2. 高抛发球技术

侧身正手高抛发左侧上、下旋球。动作要点：持球手在身体左侧将球向上垂直抛起，当球下降到头部时，持拍手向右上方引拍，拍面角度较平。发左侧上旋球时，持拍手由右上方向左下方挥摆，球拍从球的右侧中下部向左侧上面摩擦击球。发左侧下旋球时，持拍手则应由右后方向左前下方挥摆，球拍从球的右侧中下部，向左侧下部摩擦击球。注意它与发左侧上旋球挥拍方向是不同的。

3. 下蹲发球技术

下蹲发球横握拍运动员采用较多，主要是因为横拍能较好地发挥前臂和手腕的灵活性。下蹲发球属于上手类发球，球拍通常是摩擦球的上半部将球发出。例如，下蹲发球发出的右侧上下旋球，越过网落到对方台面时，不是向对方的右边，而是向对方的左边偏斜前进。因此，在比赛的关键时刻，突然运用下蹲发球，会使对方感到很不适应，而回接出高球甚至造成失误。

四、接发球

（1）接正、反手急上旋球

来球速度快、落点远、冲力大，或左方大角度急球，又往往来不及侧身。采用抢先上手技术：正、反手快攻或正手抢攻打回头，拉弧圈球等，接好后，可破对方发球抢攻，第四板要连续进攻。采用反控制技术：反手快推、快拨、正手快带等，接好后，可瓦解对方发球的主动优势，转入相持或争取主动。采用过渡控制技术：正、反手削球或正反手快挡等，接好后，可遏制对方发球抢攻，力争转入相持。

(2) 接急下旋球

来球速度快、落点远、带下旋，回击时，容易下网。采用抢先上手技术：正、反手快拉，正手拉弧圈球或侧身正手抢攻等，接好后能攻破对方发球抢攻，第四板转入连续进攻。采用控制技术：正反手削球、正反手切搓球或搓推侧下旋等，接好后可遏制对方发抢，力争转主动或相持。

(3) 接下旋转与不转球

首先判断来球旋转性质，要正确分清是加转球，还是不转球。分清后，可采取不同的回接方法。

五、推挡球

(1) 平挡

平挡动作简单，容易掌握，是乒乓球入门的基础技术。其特点是：借力还击，力量轻、速度慢、旋转弱、落点适中。通过练习可以熟悉球性，体会球拍触球的感觉。给进一步学习其他推挡技术打好基础，可作为对方进攻时的一种防御手段。

(2) 快推

快推是最基本的一种推挡技术，是全面掌握推挡技术的重要环节。它具有动作小、球速快、变化多、灵活、命中较高的特点。能争取时间，使对方左右应接不暇，造成失误或出机会球，为抢攻创造条件。一般应用于相持，接弧圈球、拉球和中等力量的突击来球。

(3) 加力推

加力推是推挡球的重磅炸弹。其特点是：力量重、球速快、落点活，稍带上旋或不转。能遏制对方进攻，主要用于助攻，常迫使对方离台后退造成被动。它与减力挡配合运用，更能控制和调动对方，效果尤佳。加力推适用于对付速度较慢、旋转较弱的上旋球或力量较轻的攻球和推挡球。

六、攻球

(1) 正手快攻

站位近、动作小、速度快、进攻性强。它是我国快攻打法中使用最多、最基本的一项技术，亦是常练常用的技术，能借来球的反弹力提高速度。在比赛中，运用速度与落点的变化相结合，能取得更多的主动权，为扣杀创造条件。

(2) 正手快拉

快拉通常也称提拉、拉攻等，是用于对付搓球、削球或接下旋和侧下旋发球的一项重要基本技术。它具有速度较快，动作较小，线路较活，并与突击动作较接近的特点。能主动发力击球，用快拉不同落点配合拉轻重力量和旋转变化等，伺机进行突击扣杀。

七、弧圈球

（1）正手拉加转弧圈球

拉弧圈球是一项融旋转和速度为一体的现代乒乓球进攻技术。拉加转弧圈球的特点是，稳健性高，上旋强烈，反弹下滑快，具有一定的威胁性。若对方不适应强烈上旋球，不好控制，常会接出高球，甚至直接失误。还可以起到变化击球节奏的作用。一般是用来对付下旋长球和侧下旋球，为扣杀创造机会。

（2）正手拉前冲弧圈球

弧圈球比较突出的特点是：上旋强，稳健性高，攻击威力大。弧圈球技术分为：正手弧圈球、反手弧圈球、侧身弧圈球，包括加转弧圈球、前冲弧圈球、侧旋弧圈球、反拉弧圈球、中远台对拉弧圈球、正胶小弧圈球等。前冲弧圈球飞行弧线低而长，球速快，上旋强，前冲力强。落台后弹起不高，急速向前冲并向下滑落。它是弧圈球选手主要得分的手段。

第三节　乒乓球运动的基本战术

一、发球抢攻战术

发球抢攻是我国乒乓球运动员各种类型打法技战术中的重要战术之一，亦是前三板技术中最具威胁的技术。发球后抢攻的有效率越高，造成对方接发球时心理压力越大，从而迫使对方在接发球时，不得不提高回球难度，或者采取接发球凶抢，希望以此摆脱接发球后被攻的被动局面。这样一来就会有效限制对方接发球的方法与变化，还会增加对方接球失误的概率。如果抢攻技术跟不上，再好的发球也会被对方逐渐适应。

二、对攻战术

对攻是进攻型选手相遇时，从发球、接发球转入相互对抗，形成攻对攻的局面。双方利用速度、旋转、落点变化和轻重力量进行控制与反控制力争主动的一种重要手段。快攻打法的对攻战术主要是发挥其快速多变的特点来调动对方，以达到攻击对方的目的。快攻是对付弧圈为主的打法，其作战方针主要是用速度、落点和轻重力量的变化迫使对方难以发挥旋转的作用，拉不出高质量的弧圈球。快攻是对付快攻为主的打法，其作战方针主要是用速度、力量和落点变化迫使对方难以发挥速度和力量的作用，从而陷于防守的地位。快攻打法的各种具体对攻战术主要是由左推右攻或正、反手攻球结合变化落点和轻重力量组成的。

三、拉攻战术

拉攻战术是进攻打法对付削球打法的主要战术。快攻的拉攻战术主要是运用拉球的落点变化创造机会，进行突击和扣杀，迫使对方后退防守，从而达到控制对方、赢得主动的目的。拉攻战术首先要求拉得稳，并有落点和轻重力量的变化，以便为突击创造机会，有时还能直接得分。拉攻的主要得分手段是突击和扣杀，尤其是中等力量的突击技术，体现了快攻打法的快速特点，经常会使对方措手不及而失分或回出高球。

四、削中反攻战术

削中反攻战术是用削球变化旋转和落点，迫使对方在走动中回击失误或接出机会球，伺机进行反攻。运用削中反攻战术的基础是削球，首先，要求削球具备能与对方拉攻形成相持或主动的局面，能为进攻创造条件。同时，还要求具备走动中的进攻能力，以便不失时机地进行反攻，把削球和攻球有机地结合起来。

第四节　乒乓球运动的主要规则

一、场地和区域

1. 乒乓球比赛场地

乒乓球的比赛场地为长方形，其长度不得小于14m，宽不得小于7m，天花板高度不得低于4m或5m（根据不同标准而有所差异）。场地应用75cm高的深色挡板围起，与相邻的比赛场地及观众隔开。

地面应为坚实不滑的硬木，地板不应呈淡颜色或明显反光。

挡板应轻便稳妥，在运动员冲撞挡板时不至于受伤。比赛场地仅限于室内，风速不宜大于0.2m/s。

2. 球网装置（图8-5）

① 球网装置包括球网、悬网绳、网柱及将它们固定在球台上的夹钳部分。

② 球网应悬挂在一根绳子上，绳子两端系在高15.25cm的直立网柱上，网柱外缘的距离为15.25cm。

③ 整个球网的顶端距离比赛台面15.25cm。

④ 整个球网的底边应尽量贴近比赛台面，其两端应整体与网柱完全相连。

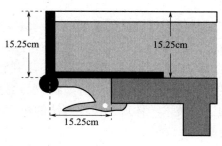

图 8-5

3. 乒乓球的球台

球台的上层表面应为与水平面平行的长方形，长为2.74m，宽为1.525m，离地面的高度为0.76m。台面应包括球台上面的边缘，不包括上面边缘以下的侧面。台面可用任何材料制成，但应具有一致的弹性。台面一律为均匀的暗色，无光泽，沿边线边缘应有一条2cm宽的白线。

二、比赛通则

1. 比赛形式

（1）淘汰赛

可以在较短的时间和较少的球台上容纳大量的选手进行比赛，逐步推向高潮，最后决出冠、亚军。淘汰赛制要求参赛者在每一轮比赛中必须获胜才能晋级下一轮，直到最后决出冠军。

（2）循环赛

参赛者在规定的时间内与所有其他参赛者进行比赛，最后根据胜负场次和积分情况决定排名。循环赛制可以确保每个参赛者都有机会与其他所有参赛者进行较量，从而全面展示实力。

2. 得分

在一局比赛中，首先达到11分的选手将获得该局的胜利。如果双方比分达到

10平，则需继续比赛，直到一方领先2分才能决出该局的胜者。

在得分过程中，发球和接发球是关键环节。每赢得一球，得分方的分数将递增1分。发球方在每次发球后，若对方未能合法接发球，则发球方得分。同样，接发球方在接发球后，若发球方未能合法发球，则接发球方得分。此外，还有一些特殊得分情况，如擦边球、擦网以及自杀球等，这些情况下得分会有所特殊处理。

3. 犯规

（1）发球犯规

① 发球次序错误。

② 发球队员在击球时或击球起跳时，踏及场区（包括端线）或发球区以外地面。

③ 发球队员在第一裁判鸣哨8s内未将球击出。

④ 球未被抛起或未使持球手清楚撤离就击球。

⑤ 双手击球或单手将球抛出、推出。

⑥ 球抛起准备发球，却未击球。

（2）接发球犯规

① 接发球次序错误。

② 在双打比赛中，当接发球员接对手发出的直线长球时，身体需要完全越过1/2的台面进行击球，否则会被判为犯规。

③ 接发球员抢先击球而出现与对方球员连续击球的情况时，如果对方球员没有将球击回或者击回的球出界、下网或者过网后落入对方场地内，则视为对方失误。

（3）身体动作犯规

① 乒乓球比赛中的动作要求紧凑、简洁，不得夸张。选手不应该进行不符合美观规范的动作，如挥拍过度，并应该保持球赛进行时的体貌仪态。对于美观动作的犯规，裁判员会口头警告选手，如果选手再次犯规，将判对手得一分。

② 越过球桌：选手在比赛中，不应该越过球桌边界，否则会被视为犯规，裁判员会判对手得一分，并将发球权交予对手。

③ 违规换台：乒乓球比赛中每局结束后选手可以自由选择球桌，但如果出现违规换台的情况，则会有相应的处罚。

第九章 羽毛球运动

第一节 羽毛球运动概述

扫码即可观看

一、羽毛球运动的起源与发展

现代羽毛球运动诞生在英国。1873年,在英国格拉斯哥郡的伯明顿镇有一位叫鲍弗特的公爵,在庄园里进行了一次"蒲那游戏"的表演。因这项活动极富趣味性,很快就风行开来。此后,这种室内游戏迅速传遍英国,"伯明顿"(Badminton)即成为英文羽毛球的名字。那时的活动场地是葫芦形,两头宽中间窄,窄处挂网,直至1901年才改为长方形。羽毛球运动约于1920年传入我国。20世纪70年代我国羽毛球队已跻身于世界强队之列。20世纪70年代,国际羽毛球球坛是印度尼西亚与我国平分秋色。20世纪80年代,优势已转向我国,说明我国羽毛球运动已达到世界先进水平。羽毛球在1992年巴塞罗那奥运会上被列为正式比赛项目。

二、羽毛球运动与身体健康

参与羽毛球运动时因受到竞争性、对抗性、大强度等诸多因素的影响,使意志品质在该项运动中占有非常重要的地位。对对方战术意图的揣摩,对各种战机的把握,对自己运用什么战术的选择等,使参与羽毛球运动的人思维敏捷。同时,由于比赛的紧张、竞争的激烈,使练习者的心理素质得到了很好的锻炼,在竞争中,强化进取精神,使人的智、勇、技在竞争与对抗中得到升华。

第二节 羽毛球运动的基本技术

一、握拍

1. 正手握拍法

先用左手拿住拍杆，使拍面与地面垂直，然后，右手张开成握手状，虎口对准拍柄窄面内侧小棱上，拇指与食指自然地贴在拍柄的两个宽面上。中指、无名指、小指自然并拢握住拍柄，掌心不要紧贴，拍柄端与近腕部的小鱼际肌平，拍面基本与地面垂直，食指与中指稍微分开。正手发球、右场区各种击球及左场区头顶击球等，一般都采用这种握法，以右手握拍者为例（图9-1）。

图 9-1

2. 反手握拍法

在正手握拍的基础上，拇指和食指将拍柄稍向外转，拇指顶点在拍柄内侧的宽面上或内侧棱上，中指、无名指和小指并拢握住拍柄，柄端靠近小指根部，注意手心不要贴紧拍柄，要使掌心与拍柄之间有一个明显的空隙。球拍斜侧向身体左侧，拍面稍后仰。一般来说，击身体左侧的来球，大都先转体（背对网），然后用反手握拍法击球。在握拍时要注意击球前握拍要放松，就像掌中握着一只小鸟，太紧会捏死，太松就会飞走，要求肌肉要适度放松。只有在发力击球的一刹那，才紧握球拍，击球后应快速恢复放松状态（图9-2）。

图 9-2

二、持球

左手以拇指、食指和中指捏住羽毛球，将球置于腰腹以下的位置，以右手反手握拍为例。肘部略抬起使拍框下垂于左腰下侧，两眼注视对方准备接球的动向及场地，发球时主要是依靠挥动前臂和伸腕闪动发力来完成动作。其动作幅度小，力量也较小，但速度较快，动作隐蔽性强。此动作可以用于发出高远球除外的其他各种飞行弧线球，但多用于双打比赛（图9-3）。

图 9-3

三、发球

1. 高远球（图9-4）

把球发得既高又远，使球向对方后场上方飞去，球的飞行路线与地面形成的角度，要大于45°，使球几乎垂直落在对方后发球线附近的发球区内，称为发高远球。发高远球可以迫使对方退至端线附近接发球，从而减小对方回击球时的进攻性，是单打比赛中主要的发球手段。

图 9-4

2. 正手发平高球（9-5）

平高球运行的抛物线弧度不大，使球迅速越过对方场区空中而落到底线附近。由于平高球的飞行弧线比高远球低，所以挥拍击球时多运用前臂带动手腕来发力。球与球拍接触时，球拍后仰的程度比发高远球小，拍面略微向前推送来完成击球。在学习过程中，易犯的错误与发高远球易犯的错误相同，只是在随前动作中可产生制动，但在发高远球时，不应产生制动。

图 9-5

3. 正手发网前球

发出的球贴网而过，落到对方前发球线附近的发球区域内的球。在学习过程中，发网前球的技术要求较高，如果球的飞行弧线太低或力量太小，会不过网或不到对方的发球区（即短球）；若球的飞行弧线过高，则易遭到对手的扑击回球。

高质量的网前发球，可以避免对方在接发球时的直接下压球，从而可以有效地限制对方做进攻性的回击，主要适用于双打发球。

四、击球

1. 击球路线

一般将击球点高于头部的击球，称为高手击球。高手击球按其技术特点和球飞行弧线的不同，可分为高远球、平高球、扣杀球和吊球（图9-6）等。同时，可以按击球点的位置分为正手高手击球、反手高手击球、头顶击球。

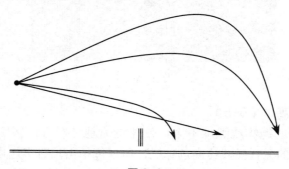

图 9-6

2. 正手高远球

采用正手握拍法，击球点在身体的右侧方用正拍击出的高远球，称为正手高远球。它分为原地正手高远球和起跳正手高远球两种。原地正手高远球的动作要领：左脚在前，右脚在后，侧身使左肩对网，两脚间距与肩同宽，重心在后脚，右手正手握拍屈臂举拍于右侧，左手放松自然上举，眼睛向上注视来球。

3. 反手高远球

在自己左后场区上空的球，以反手握拍法用反拍面击出的高远球，称为反手高远球。一般情况下都采用原地反手击高远球，很少采用起跳的击法。步法移动中，手法要马上右正手握拍转换成反手握拍，上臂平举，屈肘使前臂平放于胸前，球拍放至左胸前，拍面朝上，完成引拍动作。

4. 头顶高远球

其动作要领与正手高远球基本相同，只是击球点在头顶的前上方。准备击球时，身体偏左倾斜，用正拍面击出的高远球，称为头顶高远球。击球时，上臂带动前臂使球拍绕过头顶，从左上方向前加速挥动，注意发挥手腕的爆发力击球，落地时左腿向左后方摆动的幅度大些。

五、扣杀球

1. 正手扣杀球

对于在自己右侧上空的高球，用正手握拍法握拍，用正拍面扣杀球，称为正手扣杀球。正手扣杀球可以在原地或起跳后进行。正手跳起杀球动作要领：右脚后撤同时引拍到位，侧身对网，屈膝下降重心，做好起跳击球的准备。起跳后，身体左转同时后仰，挺胸成弓形，当球落至肩前上方的击球点时，快速收腹，以胸带臂，前臂和手腕加速挥摆，闪腕发力；与此同时，手指突然抓紧拍柄，使手腕的发力集中到击球点上，拍面正面击球托的后部，使球快速向下直线飞行。杀球后形成右脚在前，左脚在后的回位姿势。

2. 反手扣杀球

对于在自己左侧上空的高球，采用反手握拍法，用反拍面扣杀，称为反手扣杀球。比赛中运用反手扣杀球，具有一定的进攻突然性。但从球速和力量讲，都不如头顶扣杀球，球的落点也较难控制。反手扣杀球动作要领：向左后转身前交叉步后退三步，移动过程中形成反手握拍，前臂往胸前收，右肩有些内收，完成引拍动作。击球的一瞬间，前臂开始向上挥动，拍子从左前下向右前上方摆动，此时，左脚开始发力，腰腹及肩部发力，并带动上臂及前臂，发出鞭打的力量，球拍往上后方挥动。击球时，握紧拍子，快速外旋和后伸闪腕，击球托的后部完成击球动作。击球后，前臂内旋，使球拍回收至体前，下降重心使之制动，并迅速转体回动。

3. 突击杀球

当对方击来弧线较低的平高球时，则向侧方或侧后方起跳，突然挥拍扣杀，称为突击杀球（也称跳起突击杀球）。突击杀球多用于中场或中后场区。这项技术的特点就在于它的进攻突然性，在单打时有应用，在双打时运用尤多。突击杀球动作要领：侧身右方，后退一步并迅速起跳，跳起后，身体后仰，拉长腹肌及胸大肌，拍子自然往后下方摆动，加大挥拍的工作距离。收腹转体上臂带动前臂急速内旋挥拍，手突然紧握拍子闪腕，产生爆发力击球，此时拍面与水平面的夹角应小于90°。击球后落地并迅速回动。

六、吊球

1. 正手吊球

正手吊球是后场正手上手主要击球技术之一。击球前，身体先半侧对球网，右脚在后，左脚在前，两脚尖均踮起，身体重心自然落在右脚掌上。右手采用正手握拍法，自然将球拍举到右肩侧上方，左手自然上举，眼睛注视来球。当球下落到接近击球点高度时，右腿开始蹬伸，并以髋关节带动身体由右向左转动，左腿后撤，右腿前迈。伴随着下肢蹬转动作，胸部舒张，两侧肩关节外展，左手自然上举，持拍臂的前臂向后移动，保持高肘后撤球拍。在协调用力的配合下，上臂带动前臂利用伸肘关节、前臂旋内和屈腕的力量，向前下方轻击来球。

2. 反手吊球

反手吊球动作要领与反手击高远球动作基本相同。前臂快速由左肩下向右上稍有外旋的挥动，手腕动作内收闪动，击球托的右下部，在击球瞬间拍面与水平面的夹角应稍大于90°，并有前推的动作，避免吊球落网。

七、搓球

1. 正手搓球

搓球准备动作与动作要领：当球向右场区飞来时，采用正手搓球。侧身对右边网前，右脚跨前成弓箭步，身体重心在右脚上。在正手握拍的基础上，拇指、食指、中指和无名指稍松开，使拍柄离开掌心，拇指斜贴在拍柄内侧的小棱边上，食指稍前伸，使第二指节斜贴在拍柄外侧的宽面上。然后快速侧身向右侧网前移动，最后一步为右脚向球的方向跨一大步，身体重心应较高，以争取高点击球。同时，左臂自然后伸，起平衡作用，引拍动作中，伸臂举拍时应稍屈肘、屈腕，使球拍自然地稍向后拉，击球发力动作应以肘关节为轴，通过前臂的外旋及收腕动作，用正面拍切削球托的后底部或侧底部，使球翻滚过去。击球后右脚快速蹬地后撤回动。

2. 反手搓球

当球向左场区飞来时，采用反手搓球。反手搓球的上网动作和正手搓球动作类似，其不同点是：身体向左侧移动，最后一步左脚向左侧跨出。在正手握拍的基础上，拇指、食指、中指和无名指稍松开，拍柄离开掌心同时使球拍稍向内转，拇指贴在拍柄内侧的上小棱边上，食指第三关节贴在拍柄外侧的下小棱边上。反手搓球在伸臂举拍时，应稍屈肘，反拍面向上，屈腕使球拍略下垂，然后再伸前臂、屈腕，用反面拍切削球托的后底部或侧底部。

八、步法

1. 一步跨步上网步法

重心前移，利用双脚蹬地，接着向球的方向跨出一大步到位。向右前场上网，用正手击球；向左前场上网则用反手击球。

2. 两步跨步上网步法

重心前移，左脚先向球的方向上一步，紧接着右脚向球的方向跨一大步到位，准备击球向右前场上网，用正手击球；向左前场上网用反手击球。

3. 三步跨步上网步法

三步跨步上网步法也叫交叉步加蹬跨步上网步法。前交叉蹬跨右侧上网步法重心前移，右脚先向来球方向垫一步，左脚再上一步，接着左脚后蹬，侧身将右脚向球的方向跨一大步到位，准备击球。

4. 后交叉蹬跨左、右侧上网步法

重心前移，右脚向来球方向垫一步，左脚接着向右脚后交叉上一步，左脚着地后即刻后蹬，将右脚向球的方向跨一大步到位，准备击球。

第三节　羽毛球运动的基本战术

一、发球战术

1. 发后场球战术

发球时，对方一般处于中心位置。发后场球由于落点深，可以迫使对方后退，远离中场，造成前场空当，为下一步制造网前球创造了条件。同时，由于球路和球速的不同，给对方击球造成难度。高远球弧线高、速度慢，垂直下落，让

对方难以下压进攻。平高球弧线低，速度较快，以精确的落点、快速的节奏，打乱对方的进攻意图，实现发球战术（图9-7）。

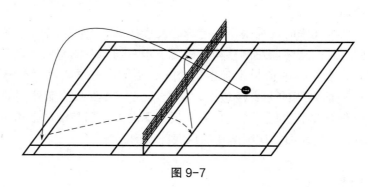

图 9-7

2. 发网前球战术

发网前球也称发近网球。以较低的弧线，把球发到对方发球区内的前端，其目的：一是迫使对方上网，暴露出后场的空当，可以在对方回球质量不高的情况下，攻击对方后场；二是减少对方直接进攻的可能，迫使对方挑高球，为自己制造进攻的机会，当然还要提防对方以网前球相还。

3. 发平快球战术

平快球是以低平的弧度、很快的速度，发到对方发球区内侧底线。如果对方站位偏离中线，在其内侧出现较大空当，或对方注意力不够集中时，这种快速发球可以达到一种偷袭的目的。或直接得分，或打乱对方节奏，迫其回球质量下降。为了很好地贯彻发球战术，发球时要注意以下几点：要注意发球动作的隐蔽，不要让对方观察出自己的意图；要注意观察对方的站位，捕捉对方的漏洞；要做好充分准备，实现发球战术，以及应付各种突然的变化。发球要有准确的落点。根据对方的站位和习惯，发球要有针对性、突然性、目的性，一般我们把发球落点划分为四个区域。

二、进攻战术

（1）发球抢攻战术

发球不受对方干扰，发球者可以根据规则，随心所欲地以任何方式将球发到对方接球区的任意一点。善于利用多变的发球术，能先发制人，取得主动。以发平快球和网前球配合，争取创造第三拍的主动进攻机会，组成发球抢攻战术。

（2）打"四方"球，结合突击战术

把球以各种手法打到对方场地四个角，称"四方"球。以高远球、平高球、吊球，网前球，将球准确打到后场、前场四个角，造成对方大范围跑动，消耗体力。待其出现步伐不到位，回球质量不高时，积极攻击，实现主动。

三、防守战术

1. 高远球防守战术

打后场高远球是一种防守战术，它与进攻时用的平高球不同。平高球由于速度过快，回球也快而不能为防守争取更多的时间，使防守难以调整战术，反而增加防守难度，起不到防守的目的。高远球由于弧线高，速度慢，可以有较多的时间等待对方回球，并及时调整自己的站位。同时，这种战术还适合应对盲目进攻型的对手，通过反复打高远球，造成对方不断扣杀，消耗对方体力，待对方体力不支，回球质量不高时，进行反击。

2. 网前球和推球战术

在自己处于不利情况下，可利用搓、勾、挡、吊等手段，将球打在对方的网前，用网前球遏制对方再次的直接进攻，为自己调整站位创造条件。另外，还可以用推、挡直线球或半场球，破坏对方的进攻节奏，达到由防守到反攻的目的。

四、接发球战术

由于规则对发球的限制，发球的威胁性被削弱，而且球的落点必须在接球者区域内。在这固定的防守区域内，如果接球者能够很好地处理来球，即可占据主动地位。接发球者的站位一般在接球区中场，略靠左（以右手持拍为例）。接球时，要注意力集中，前后左右兼顾。根据发球的规律，对方只能发出网前球、后场球和速度较快的平快球。

五、双打战术

1."攻中路"与"攻腰"战术

进攻中，对方必定平行左右站位，这样可以把球打到对方两人防守的结合部位，以便造成他们因为相互争抢碰撞，出现失误，或相互退让，出现漏球。当对方前后站位时，也可以将球打到半场靠边线区域，这是他们前后的结合部位，同样可以造成上述的失误，这就是所说的攻半场战术。

2. 攻人战术

在比赛中，两人集中优势，盯住对方一人进行攻击，也称"二打一"战术。

目的是消耗其体力,使其失误。另外,在另一人松懈时或极力保护同伴时,可突然改变线路,突袭对方空当。这种盯人战术,往往是选择攻击对方技术水平较弱的选手。也可选择主动攻击对方强者,以消耗其体力,使其战斗力下降。

第四节　羽毛球运动的主要规则

一、场地和区域

羽毛球场地是专门用于羽毛球训练或比赛的长方形运动场地,其标准尺寸长度为13.40m,双打场地宽为6.10m,单打场地宽为5.18m。双打球场对角线长14.723m,单打球场对角线长14.366m。

羽毛球场地横向被中线平分为左右两个半区,纵向被分为前场、中场、后场。前场就是从前发球线到球网之间的一片场地;后场是指从端线到双打后发球线之间的一片场地;中场是前发球线与双打后发球线之间的一片场地。

单打和双打的边界规定有所不同。单打边界底部以靠外面的线为界,两边以靠里面的线为界;双打边界则底部以靠外面的线为界,两边以靠外面的线为界。

此外,球场中央网高1.524m,双打边线处网高1.55m。球场上各条线宽均为4cm,丈量时要从线的外沿算起。整个球场上空空间最低为9m,这个高度以内不得有任何横梁或其他障碍物,球场四周2m以内也不得有任何障碍物。

二、比赛通则

1. 比赛形式

(1) 单打比赛

这是羽毛球比赛中最常见的形式。每名选手各自站在场地的一侧,通过发球和回球进行对抗,旨在让对方无法合法回球而得分。单打比赛考验选手的速度、力量、技巧和耐力。

(2) 双打比赛

双打比赛由两队进行,每队由两名选手组成。与单打不同,双打更注重选手之间的配合与协作。两名选手需要紧密配合,共同防守和攻击,以击败对手。

(3) 混合双打比赛

混合双打比赛由一男一女两名选手组成一队,对抗另一队的一男一女选手。这种形式既考验选手的个人实力,又需要男女选手之间的默契配合。

（4）团体比赛

团体比赛通常由多个队伍组成，每个队伍派出选手参加单打、双打或混合双打比赛。团体比赛不仅考验选手的个人实力，还需要整个队伍的协作和战术安排。常见的团体比赛项目有世界羽毛球男子团体赛、世界羽毛球女子团体赛等。

2. 得分

（1）基本得分制

羽毛球比赛通常采用21分制，即双方中任何一方先得到21分即赢得当局比赛。

（2）获胜条件

如果双方比分为20平，则一方需超过对手2分才算取胜；如双方比分打成29平，则先得到第30分的一方为胜者。在一局比赛中，当一方在比赛中得到11分后，双方队员将休息1min；两局比赛之间的休息时间为2min。

（3）发球得分

羽毛球比赛是每球得分制，即每回合中，取胜的一方加1分。

（4）发球顺序

每局比赛开始时（比分0∶0）或发球方得分为偶数时，发球方在右半场进行发球；当发球方得分为奇数时，在左半场进行发球。如果发球方取得一分，那么下一回合其继续发球；如果接发球方取得一分，那么下一回合其成为发球方。

（5）换边与换发球

当且仅当发球方得分时，发球方的两位选手交换左右半场。

3. 犯规

（1）发球违例

例如发球区错误、抛球高度不足、球未在拍面上完整旋转等。一旦发球开始，球被发球员的球拍触及或落地即为发球结束。

（2）非法触网

在比赛过程中，球员的任何部分（包括携带的物品）都不能触碰到球网或网柱，即使触网发生在对方场地。

（3）穿越场地

球员不得从场地上穿越到对方场地，或者从边线外进入对方场地。

（4）非法阻挡

球员不得以非法的方式阻挡对方的行动，例如站在对方场地或挡在对方的视线之外。

（5）回球违例

球员必须将球击打过网，使球落在对方场地内的有效区域内。如果回球不符合规则，如球落在界外、球没有过网、球在网顶上或穿过网柱后落在对方场地内等，将被视为违例。

(6) 延误比赛

球员不得以任何方式故意延误比赛的进行，例如故意拖延比赛时间、妨碍裁判员的工作等。

(7) 脚违例

发球时，发球或接发球队员不得有踩线、任何一脚离开地面、移动等动作。发球队员违例将失去发球权，而接发球队员违例则判发球方得分。

第十章 网球运动

第一节　网球运动概述

扫码即可观看

一、网球运动的起源与发展

网球运动诞生于12～13世纪的法国，成熟于英国，普及和受到热捧则在美国。网球运动不仅有较高的锻炼价值，同时还具有很强的观赏性。网球比赛既能够锻炼人顽强拼搏、奋力进取的意志品质，又能够培养坚持到底、永不放弃的精神。英国网球tennis一词是从法语演变而来的。

由于网球运动的运动量和运动强度的可调控性和趣味性强，可快可慢、可张可弛，使得参与者以饱满的热情和适合自己的强度在不知不觉中运动完相当于跑完几公里路程的运动时间。它能够促进血液循环系统的改善，消耗多余热量，使心肺功能得到提高，可以增强人体免疫能力，提高抗病能力和病后康复速度，达到增进健康、增强体质、强壮身心的目的。

二、世界网球组织机构

ATP是世界男子职业网球协会的英文缩写，成立于1972年。其任务是协调职业运动员和赛事之间的伙伴关系，并负责组织和管理职业选手的积分排名、奖金分配以及制订比赛和给予或取消选手的参赛资格等。每年所举办的主要大赛有四大公开赛、大师赛、锦标系列赛、挑战赛等约80项赛事。

WTA是世界女子职业网球协会的英文缩写，成立于1973年。其主要任务是组织由职业选手参加的各种比赛。WTA负责的比赛有WTA的年终总决赛、各项公开赛、巡回赛等。WTA管理职业选手的积分、排名、奖金分配，负责协调与赞助商、赛事主办者之间的关系等与选手有关的一切事务。WTA年终排名，由在美国纽约举行的WTA世界锦标赛最终确定，世界上只有16位选手有资格参加。

三、网球运动的重要赛事

1. 温布尔登网球锦标赛

温布尔登网球锦标赛是网球运动中最古老、最具声望的赛事。锦标赛通常于6月或7月举办，是每年度网球大满贯的第3项赛事，创办于1877年，是现代网球史上最早举办的赛事。

2. 法国网球公开赛

法国网球公开赛的场地设在巴黎西部蒙特高地的罗兰·加洛斯体育场内。法国网球公开赛通常在每年的5月至6月举行，是继澳大利亚公开赛之后，第二个进行的大满贯赛事。

3. 美国网球公开赛

美国网球公开赛是每年度第4项也是最后一项网球大满贯赛事，通常在8月底至9月初举行，赛事分为男子单打、女子单打、男子双打、女子双打和男女混合双打五项，并且有青少年组的比赛。

4. 澳大利亚网球公开赛

澳大利亚网球公开赛是四大满贯赛事中每年最先登场的，通常于每年一月的最后两个星期在澳大利亚第二大城市墨尔本举行。澳大利亚公开赛1905年创办，至今已经走过了一百多年的历史，在四大公开赛中是最年轻的。

5. 戴维斯杯赛和联合会杯赛

联合会杯网球赛是一年一度的世界女子网球团体赛，它是1963年为庆祝国际网联成立50周年创办的。联合会杯网球赛是和戴维斯杯赛齐名的团体赛事，是各国网球整体实力的大检阅。第一届联合会杯比赛是在伦敦的女子俱乐部进行的，共有16支代表队参加。联合会杯赛每年进行一次。

四、网球运动与身体健康

网球运动是一项无论性别差异、无论年龄大小，都能在同一场地上按同样的规则来进行的运动项目。因为网球运动是隔网对垒的运动，所以可以避免身体碰撞造成的不必要的伤害，打网球时可快可慢、可张可弛，身体各部分协调动作，使全身肌肉得到充分锻炼。

第二节 网球运动的基本技术

一、握拍

握拍是有一定要求和规律的，它能有效地帮助选手运用球拍，打出漂亮而有力量的球，会使人感到球拍是手臂的延伸和手掌的扩大。握拍基本方法有4种：东方式、大陆式、西方式和双手握拍法。

二、握拍动作要领（图10-1）

（1）东方式握拍

东方式握拍时把右手平贴在拍子的网面上，手顺着拍面滑下来到拍柄上，手握紧拍柄。

（2）西方式握拍

把拍子平放到地上，然后握住拍柄拿起来。许多著名网球选手用的就是这种握拍方法，比如天王费德勒。

（3）双手握拍

双手握拍是右手用东方式握住拍子，左手握住右手的一半，然后双手握紧拍子。

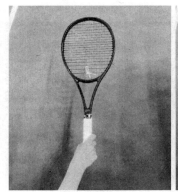
东方式握拍

西方式握拍

双手握拍

图 10-1

三、握拍练习方法

① 可以闭上眼睛左手拿拍子，然后再用右手去握拍，看看握拍是否正确。

② 将拍子放在地上,原地转三圈,然后再去拿拍子,看看握拍是否正确。
③ 左手轻拿拍颈,右手握拍转动,停止后看看握拍是否正确。

四、正、反手击球动作要领

1. 正手击球动作要领(图10-2)

(1)准备

准备动作是基础,也是学习网球最重要的一个环节。右手握拍,左手轻轻地托住拍子颈部。拍头指向前方,双脚分开站立,两膝微屈、放松,上身稍前倾,身体重心放在前脚掌上。两眼注视对方,观察对方动作,准备迎击对方的来球。

(2)引拍

引拍的时机很重要,要尽量早引拍。来球时,转身上左脚,同时球拍向后引,拍头要高于手腕,拍子不要引得太大,基本和身体平行就行。

(3)击球

击球时击球点很重要,基本在左脚的位置就可以,高度在腰部,注意拍面要尽量垂直于地面,拍头略高于手腕,击球后手臂不可停顿,要跟着向前随挥。记住不要用手腕发力,而是要用大臂挥动带动小臂击球,不然手腕会痛。

(4)随挥

在击球后,球拍继续向前挥动。拍头随惯性挥到左肩上方,随挥动作结束。击球后还原是上一个击球动作的结束,下一个球的开始,立即恢复到准备姿势,准备迎接下一个来球。

图 10-2

2. 反手击球动作要领(图10-3)

(1)准备

反手抽击球的准备姿势与正手抽击球的准备动作一样,两膝微屈、放松,上身稍前倾,身体重心放在前脚掌上。两眼注视对方,观察对方动作,准备迎击对方的来球。

（2）引拍

强有力的引拍，是打好反手击球的关键，看到来球，首先转身上右脚，在引拍的同时，要准确握在反手位，握拍的手臂要靠近身体并保持适当弯曲。引拍的方向是向身体的左后侧，不是向腰后方向引。尽量使身体形成扭紧状态，以便于击球时发力。当然，重心一定要低。

（3）击球

反手的击球点要比正手稍微晚一点，击球点在右脚的侧前方。当前挥时拍面要垂直地面，击球时，要朝向球网转腰、转肩，利用转体的力量使身体重心前移。右臂贴住身体，使球拍由下向上挥出，击球的中部。

（4）随挥

击球后，身体顺势转向球网，在跟进动作时，网拍和手臂充分伸展，使网拍挥到身体的右前上方，身体转向球网，然后迅速还原成准备姿势。

图 10-3

五、正、反手击球练习方法

① 两人面对面或对着镜子进行徒手挥拍练习，这样就能够相互说出对方动作的不足，在说对方的时候自己本身也是进步。在练习挥拍时一定要有耐心，只有达到一定的数量，才能够形成动力定型，使动作固定下来。

② 在进行挥拍练习时，可以将挥拍动作用分解法和完整练习法相结合来进行练习，这样会使你注意到动作的一些细微部分，会起到事半功倍的作用。

③ 教师站在学生的侧前方原地抛球，学生可以在教师的直接指导下进行连续的击球练习。这样师生之间交流起来会更顺畅。

④ 教师送多球是网球训练中用得最多、最有效的训练方法之一。教师可以根据学生的不同情况、不同水平、不同要求送出不同的球。练习时要遵循由易到难的原则，速度要由慢到快，力量要先轻后重。

⑤ 底线对打是网球训练最常用的方法，练习时教师可以根据学生水平的不同提出不同的要求，如一攻一守、直线、斜线、一定点一移动等练习方法，这些练习方法如果和比赛结合起来，效果会更好。

六、发球

1. 发球动作要领

（1）握拍

发球时一般采用反手握拍，这样握拍便于使球更加旋转。

（2）准备

在端线后自然、舒适和放松地站好，两脚分开与肩同宽，重心放在左脚上，肩膀侧对球网，左手持球轻轻托球拍在腰部，拍头指向前方，呼吸均匀，注意力集中。

（3）抛球与后摆

抛球与后摆动作是同步进行的。抛球是发球中很重要一个环节，持球手轻轻托住球，掌心向上。持拍手将球拍自然下落经体侧向后引拍，当球拍从体后向头上摆动时，身体要转体、屈膝、展肩，左手柔和地在左脚前上方举到头顶。抛球要平稳，将球举到最高点抛向空中。

（4）击球

左手向上将球抛出，右臂肘关节放松。当抛出的球下落接近击球点时，迅速向上挥拍击球，左脚蹬地，手臂和身体充分展开，在最高点击球，手臂外翻要做出带腕的鞭打动作。这是发球发力的关键动作，整个过程，两眼要盯住球，不要低头。

（5）随挥

把球击出后，身体保持连贯、完整地向前上方伸展，继续以随挥的力量将球拍经体前左膝侧面挥向身体后，上体向场内倾斜，重心前移，做到完全、自然充分跟进。

2. 发球练习方法

① 练习发球首先要练习抛球，只有球抛得又高又直又稳，才有时间将引拍动作做完。可以找一墙角练习，这样可以使球抛得比较直。

② 球抛好后，可以练习同时抛球和引拍，反复做，直到做得非常熟练。

③ 模仿抛球和发球的完整动作，尽量做到放松、准确、协调、舒展。

④ 找一片和自己拍子举起来一样高的树叶，做完整的挥拍动作，尽力去击打那片树叶，体会击球的感觉。

3. 发球容易犯的错误及纠正方法

① 抛球不准，不能送到准确的位置。可以练习徒手的抛球和引拍动作，直到球抛好，动作做熟练。

② 击球时，没有在最高点击球，击球手臂没有伸直，是弯曲的。在练习时尽量将球抛高，击球时，感觉是去够着球打，而不是等到球落下来时再去打。

③ 在发球时，球抛得太靠后，仰头击球。练习时，把球抛得靠前些，同时，只想向前向上击球。

④ 如果球总是下网，说明击球点太靠前，练习时可以将球抛得稍微靠后一些，尽量向远向深里打。

4. 双打中的发球练习

在双打比赛中发球是至关重要的一个环节，在比赛中首先要考虑的是要将球发过球网。有威胁的发球不仅可以直接得分，还可以给对手制造麻烦，为网前同伴的截击创造条件。

① 你首先要考虑的是回球的线路，然后是球的速度和类型。

② 一发的落点要尽量远一点，这样可以增加对手回球的难度。二发应采用削球和各种旋转球的变化加强进攻。

③ 在双打比赛中，一发的成功率比单打显得更为重要，因此，一发宁肯慢一些，也要保证球的线路以增加发球的效果。

④ 当你把球发到对方场地发球区的外角时，就增加了对方防守的范围。

第三节　网球运动的基本战术

一、战术中的击球区域

选手要有战术区域概念并且要有能够在球场任何区域应付自如的能力。网球场基本可以分为三个战术区域，即建立优势区、施加压力区和最终得分区，并要求在各区域内应具有不同的战术选择和技术运用。区域的大小与每名运动员的能力有关。

（1）建立优势区

这个区域通常位于底线前后，在此区域的击球通常被描述为积极主动的、有控制的击球。在此区域击球的主要目的是迫使对手回球质量下降，击出较弱的球，从而进一步给对手形成进攻压力。在这个区域时，运动员要始终保持积极进攻的态势，但必须在成功率较高的基础上加强球的攻击性，只有做到这一点，才能把握住战术重点。

（2）施加压力区

施加压力区域的目的是给对手施加压力，而不是直接得分。具有攻击力的中场球、随球上网和截击球大部分发生在这个区域里。开始时至少要准备依靠通过两拍击球得分，通常是第一拍施加压力，随后的一拍直接得分。从底线向前移动并在上升期击球，运动员可以将建立优势区的击球转变为施压的机会，通过场上站位的改变就可以做到这一点。

（3）得分区

得分区是球网向发球线推进一米左右的区域。由于对方已经非常被动，无力进行反击而回球至此区域。这无疑为自己创造了最好的得分机会，冷静对待，采用结束性的击球技术制胜得分。

二、战术的训练方法

1. 同伴的选择

双打比赛两人中要选一个核心队员，同时要尽量选择长时间和自己训练的伙伴，这样较易互相了解、彼此默契。在比赛时，两人要经常相互交谈，相互鼓励，两人的彼此交谈会增加预测的能力，为下一分的胜利提供额外的信心。

2. 双打的站位

网前是双打比赛中必须占领的制高点，双方都要力争占据网前的主动权，谁控制住网前谁就控制了整个局势，主要有发球局战术与接发球局战术。

① 双打最常见的站位是一前一后、一左一右，即发球员A位于中点和单打线中间。准备发球后直接上网，发球员的同伴B站在发球线与球网之间稍偏向边线，以便封网。接发球员C在右区接发球时，站在习惯的接发球位置，接发球员的同伴D站在发球线与球网之间靠边线处，以便封网。

② 双底线站位。网前信心不足但底线技术出众的选手多使用双底线战术。但这种战术已较落后，现已很少使用。

③ 澳式站位。蹲于中线处但离网很近，发球后按预定好的计划移动抢网，打对方措手不及；同伴A向相反方向进行互补。

第四节　网球运动的主要规则

一、场地和区域

网球场地是专门用于进行网球比赛和训练的场地，其设计和规格遵循国际网球联合会的规定。一个标准的网球场长36.60米，宽18.30米。单打区域：长23.77米，宽8.23米。双打区域：长23.77米，宽10.97米。发球区位于单打区域的端线后，是一个长6.40米、宽3.66米的矩形。发球区又分为左区和右区，每区各占发球区面积的一半。

网球场地根据材料不同，主要分为硬地、草地和红土三种类型，每种类型都有其独特的特点。硬地最常见，使用人造或水泥材料，球速较快，回弹也相对较高，适合快速打击和强力发球的选手。草地是最古老的网球场地之一，表面是天然草坪，球速较快，但回弹较低，适合技术细腻、善于上网的选手。红土是黏土球场的一种，球速较慢，回弹较高，表面相对松散，适合技术细腻的选手，同时也比较能考验球员的耐力和防守能力。

二、比赛通则

1. 比赛形式

（1）单打比赛

① 由两名选手各自站在球网的一边，使用一只球拍进行比赛。

② 选手通过击球过网，使对方无法有效回击来得分。

③ 通常采用抢七制、长盘制或平局决胜制等方式来决定比赛的胜负。

（2）双打比赛

① 由四名选手分成两组，每边两人，各自站在球网的一边进行比赛。

② 双打比赛注重选手之间的配合和策略，同时也需要良好的单打技术。

③ 得分和胜负的判定与单打比赛相似。

（3）团体赛

① 由多个单打和双打选手组成团队进行比赛。

② 根据赛事规则，团队内的选手可能需要参与单打、双打或混合双打等不同形式的比赛。

③ 团体赛的结果通常由多个小项的成绩综合决定。

2. 得分

网球比赛的得分遵循一系列规定，包括"盘""局""分"三个层级。一般而言，一盘比赛通常由六局组成，采用三盘两胜制或五盘三胜制。

每局比赛开始时，服务方进行发球，每次发球有两次机会，即第一发和第二发。接发球员则尽力回击发球方的球。计分以15、30、40为单位进行，如果一方先赢得四分，且净胜对手至少两分，那么该方就赢得一局。当双方选手各得40分时，称为"平分"（Deuce），此时一方需要连续赢得两分才能赢得该局。

在一盘比赛中，如果双方各赢六局，会进行抢七（Tie-break）决胜局。抢七局从0分开始，先得到7分的一方赢得抢七局及该盘。如果分数出现6∶6平，则需净胜两分以上才能获胜。

3. 犯规

（1）发球犯规

① 发球时未击中球。

② 发出的球在落地前触及固定物（除球网、中心带和网边白布外）。
③ 违反发球站位规定，例如两脚未站在规定位置或触及其他区域。
④ 脚误，即发球过程中脚部违规触线或进入对方场地。
⑤ 发球触网后，若球未落到对方发球区内或接球员未作好接球准备，应重发球。

（2）击球犯规
① 在球第二次着地前未能回击过网。
② 回击的球触及对方场区界线以外的地面、固定物或其他物件。
③ 故意用球拍触球超过一次。
④ 运动员的身体、球拍在还击期间触及球网。
⑤ 过网击球，即球拍在击球点位于球网上方时触球。
⑥ 抛拍击球，即使用已经脱手的球拍触球。

（3）行为犯规
① 未经主裁判允许擅自离场。
② 不尽全力比赛或无故中止比赛。
③ 无故不参加发奖仪式。
④ 做下流动作、口出秽语、受教练临场指导、乱打球、摔球拍或砸设备、打人等不良行为。

（4）违规交换场地
未按照规定在局终交换场地或进行发球与接发的交换。

第十一章 武术运动

第一节 武术运动概述

扫码即可观看

一、武术运动的起源

中华武术博大精深,产生于原始社会,经历了几次兴衰,不断完善,发展壮大。原始社会时,自然环境十分恶劣,在严酷斗争中,人们自然产生了拳打脚踢、指抓掌击、跳跃翻滚一类的初级攻防手段。后来又逐渐学会了制造和使用石制或木制的工具作为武器,并且产生了一些徒手的和使用器械的搏斗捕杀技能,这便是武术的萌芽。

随着生产力的发展、兵器的改进,武术也进入一个新的发展阶段。铁器的出现使武器的内容更加丰富,长短形态多样,武术的技击性进一步突出,同时武术的健身作用也受到重视。如今社会各界重视优秀民族文化遗产的继承和发展,不仅定期举行武术汇报表演,还组织专业人员在继承传统拳术的基础上,广收众家之长,整理出简化太极拳等套路。这些措施极大地推动了武术的普及和研究工作,使武术运动得到长足发展。

二、武术运动的发展

中华武术因其所具有的健身、技击、艺术欣赏等功能吸引了众多国外的武术爱好者。长期的社会实践,使武术形成了独特的民族风格和特点,不但深受我国人民喜爱,而且也受到国际友人的青睐,成为传播友谊、增进健康的使者。武术之所以能延续至今且日益发展，是由于它具有健身防身的双重作用。武术在平时能满足民众强健体魄、陶冶性情的需要，危机时刻还可以成为御强抗暴的手段。

三、武术与身体健康

武术以"尚武崇德"作为教育的基本原则，练习中也能体会到"冬练三九，夏练三伏"的艰辛。通过武术相关项目的学习，可以培养勤奋、刻苦、果断、顽强、虚心好学、勇于进取的良好习惯。

通过武术训练，可以磨炼吃苦耐劳的意志品质，树立尊师爱友、诚实守诺、团结互助的集体主义观念，培养高尚的道德情操和自强不息的精神，达到修身养性的教育作用。

武术本身具有技击性，练习的每一个动作都是围绕着技击而展开的。练习武术时，人体各部位都要参加运动，内外需要协同，对人体的锻炼是全方位的、多层次的，长时间进行武术训练不但能使人体在速度、力量、耐力、柔韧性等方面得到很大提高，而且还能调节体内阴阳平衡，调养气血，改善人体机能，提高机体的抵抗力和免疫力。

第二节　24式简化太极拳

24式简化太极拳也叫简化太极拳，是国家体委（现国家体育总局）于1956年组织太极拳专家汲取杨氏太极拳之精华编串而成的。尽管它只有24个动作，但相比传统的太极拳套路来讲，其内容更显精练，动作更显规范，并且也能充分体现太极拳的运动特点。

图 11-1

一、起势

两脚开立—两臂前举—屈膝按掌。

图 11-2

二、野马分鬃

① 收脚抱球—左转出步—弓步分手。

② 后坐撇脚—跟步抱球—右转出步—弓步分手。
③ 后坐撇脚—跟步抱球—左转出步—弓步分手。

图 11-3

三、白鹤亮翅

跟半步胸前抱球—后坐举臂—虚步分手。

图 11-4

四、搂膝拗步

① 左转落手—右转收脚举臂—出步屈肘—弓步搂推。
② 后坐撇脚—跟步举臂—出步屈肘—弓步搂推。
③ 后坐撇脚—跟步举臂—出步屈肘—弓步搂推（方向相反）。

图 11-5

五、手挥琵琶

跟步展手—后坐挑掌—虚步合臂。

图 11-6

六、倒卷肱

两手展开—提膝屈肘—撤步错手—后坐推掌，重复四次。

图 11-7

七、左揽雀尾

右转收脚抱球—左转出步—弓步掤臂—左转随臂展掌—后坐右转下捋—左转出步搭腕—弓步前挤—后坐分手屈肘收掌—弓步按掌。

图 11-8

八、右揽雀尾

后坐扣脚、右转分手—回体重收脚抱球—右转出步—弓步掤臂—右转随臂展掌—后坐左转下捋—右转出步搭手—弓步前挤—后坐分手屈肘收掌—弓步推掌。

图 11-9

九、单鞭

左转扣脚—右转收脚展臂—出步勾手—弓步推举。

图 11-10

十、云手

右转落手—左转云手—并步按掌—右转云手—出步按掌,重复三次。

图 11-11

十一、单鞭

斜落步右转举臂—出步勾手—弓步按掌。

图 11-12

十二、高探马

跟步后坐展手—虚步推掌。

图 11-13

十三、右蹬脚

收脚收手—左转出步—弓步画弧—合抱提膝—分手蹬脚。

图 11-14

十四、双峰贯耳

收脚落手—出步收手—弓步贯拳。

图 11-15

十五、转身左蹬脚

后坐扣脚—左转展手—回体重合抱提膝—分手蹬脚。

图 11-16

十六、左下势独立

收脚勾手—蹲身仆步—穿掌下势—撇脚弓腿—扣脚转身—提膝挑掌。

图 11-17

十七、右下势独立

落脚左转勾手—蹲身仆步—穿掌下势—撇脚弓腿—扣脚转身—提膝挑掌。

图 11-18

十八、左右穿梭

落步落手—跟步抱球—右转出步—弓步推架—后坐落手—跟步抱球—左转出步—弓步推架。

图 11-19

十九、海底针

跟步落手—后坐提手—虚步插掌。

图 11-20

二十、闪通臂

收脚举臂—出步翻掌—弓步推架。

图 11-21

二十一、转身搬拦捶

后坐扣脚右转摆掌—收脚握拳—垫步搬捶—跟步旋臂—出步裹拳拦掌—弓步打拳。

图 11-22

二十二、如封似闭

穿臂翻掌—后坐收掌—弓步推掌。

图 11-23

二十三、十字手

后坐扣脚—右转撇脚分手—移重心扣脚划弧。

图 11-24

二十四、收势

收脚合抱—旋臂分手—下落收势。

图 11-25

第三节　散打

一、散打的起源与发展

散打又称散手，是两人按照一定的规则，运用武术中的踢、打、摔等攻防技法制服对方、徒手对抗的格斗项目，是中华武术的重要组成部分。现代散打就是常见的以直拳、摆拳、抄拳、鞭拳、鞭腿、蹬腿、踹腿、摔法等技法组成的以打、踢、摔结合的攻防技术。

散打古称相搏、手搏等，是中华武术的精华，是具有独特中华民族风格的体育项目，多年来在民间流传发展并深受人民喜爱。散打的起源与发展，和中华民族悠久的历史同步。散打从比赛形式上借鉴了中国传统"打擂台"的方式，一方掉擂出局即为输。在竞赛方法上采用三局两胜制，评点数得分先赢两局者即为赢家。散打不拘泥于固定的招式与套路，学习者在通过对拳法、腿法以及摔法的学习和反复训练后，在比赛或者实际需要时自由发挥。

二、散打运动与身体健康

通过学习和训练散打，能够发展人的力量、耐力、柔韧、灵敏等素质；同时散打可以发展人的心智，使人的身心得到全面的锻炼。坚持散打训练，可强筋骨、壮体魄。散打是双方互相对抗的运动形式，这就要求练习者在实践中正确把握进攻的时机，防守要到位，反击要及时，从而建立正确的条件反射；同时还要针对不同的对手和双方临场的变化，提高应变能力；散打还应提高击打和抗击打的能力。

三、散打的技法

1. 拳法
主要由冲拳、掼拳、抄拳、鞭拳等拳法组成。

2. 腿法
主要由鞭腿、正蹬腿、侧踹腿、后摆腿、横扫腿、截腿等腿法组成。

3. 摔法
主要由快摔动作组成,如抱膝前顶摔和抱腿别腿摔。

4. 组合
主要由拳法组合、腿法组合、摔法组合3种顺搭和混搭组成。顺搭如拳法组合,混搭如拳摔组合、拳腿组合等。

四、散打的基本技术教学(以下技术动作均以左势为例)

(一)格斗势

散打格斗势,俗称"抱架",是进入对抗前的准备姿势。它不仅能使身体处于强有力的状态,而且有最佳的快速反应能力,利于快速移动发起进攻和防守,并且暴露面小,能有效保护自己的要害部位。

1. 动作要领

两脚微呈八字平行开立,距离略比肩宽,两膝微屈。左脚不动,右脚以脚前掌为轴向左旋转,身体随之转动25°左右,重心在两脚之间,右脚跟稍稍踮起。

含胸拔背,收下颏,前手轻握拳,屈臂抬起,拳与下颏等高,前臂与上臂夹角成90°~110°,后手轻握拳,屈臂抬起,前臂上臂夹角小于60°,后手拳自然置于下颏外侧处,肘部下垂轻贴在右肋部(图11-26)。

图 11-26

2. 易犯错误

进退不够灵活，攻守不严密。姿势过低或过高，重心没有控制在两脚之间。两手没有紧护躯体，暴露给对方可打击的有效部位太多。

（二）基本步伐

1. 进步

（1）动作要领

在格斗势的基础上，向前进步。左脚先动时，左脚向前进一步，右脚随即前进一步；右脚先动时，右脚向前进一步，左脚随即紧跟前进一步。身体向前进步时，上体保持预备势不变，两眼平视前方（图11-27）。

（2）易犯错误

进步步幅过大，后脚跟进后没有保持实战姿势，进步后跟步衔接慢。控制不好身体重心，身体不协调。

2. 退步

（1）动作要领

在格斗势的基础上，向后退步。左脚先动时，左脚向后退一步，右脚随即后退一步；右脚先动时，右脚向后退一步，左脚随即紧跟后退一步。身体向后退步时，上体保持预备势不变，两眼平视前方（图11-28）。

（2）易犯错误

退步步幅过大，后脚跟进后没有保持实战姿势，退步后跟步衔接慢。控制不好身体重心，身体不协调。

3. 换步

（1）动作要领

在格斗势的基础上，左脚与右脚同时蹬地并前后交换位置，同时两拳也前后交换成反架格斗势（图11-29）。

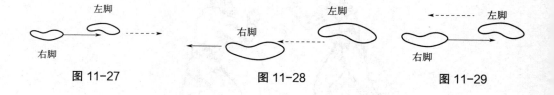

图 11-27　　　　　图 11-28　　　　　图 11-29

（2）易犯错误

换步距离过大或过小，换步后没有及时变为反架格斗势。控制不好身体重心，身体不协调。

4. 躲闪步

（1）动作要领

在格斗势的基础上，身体向左（右）斜上一步。左躲闪步时，左脚向左前方斜移一步，右脚随即紧跟一步，同时身体向左侧转；右闪躲步时，右脚向右前方斜移一步，左脚随即紧跟一步，同时身体向右侧转（图11-30和图11-31）。

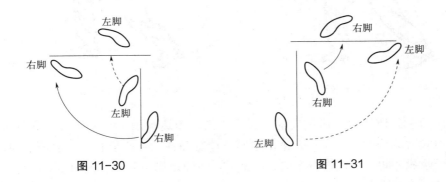

图 11-30　　　　　　　　　　图 11-31

（2）易犯错误

速度慢，不够灵活敏捷。在躲闪过程中，没有保持好格斗势，暴露过多的有效击打部位。控制不好身体重心，身体不协调。

（三）基本拳法

1. 冲拳（分为左冲拳和右冲拳）

（1）左冲拳动作要领

在格斗势的基础上，右脚蹬地，重心微向前倾，借扭腰送胯之力，左拳直线向前冲出，力达拳面。拳面朝前，拳眼朝右。右拳护下颌，重心落于两腿之间，目视攻击方向。击出后，迅速还原格斗势（图11-32）。

（2）右冲拳动作要领

在格斗势的基础上，右脚蹬地内扣，身体向左侧转，转腰顺肩，借扭腰送胯之力，右拳直线向前冲出，力达拳面。拳与肩同高，拳面朝前，拳眼朝左，左拳护下颌，重心落于两腿之间，目视攻击方向。击出后，迅速还原格斗势（图11-33）。

（3）左右冲拳易犯错误

出拳不够迅速，身体过于前倾。没有借助扭腰送胯之力。出拳时左右手没有保护下颌，重心没有保持在两腿之间。击出后没有迅速收回还原格斗势。

2. 掼拳（分为左掼拳和右掼拳）

（1）动作要领

在格斗势的基础上，身体稍向右侧转，右肩下沉，右肘随即回带，合胯转

图 11-32

图 11-33

腰，而后以其惯性前臂内旋向前里弧形出击，力达拳面。拳眼朝后，拳面朝左，小臂与大臂成约大于110°的夹角，拳面与体侧并齐，拳低于肘，左拳护下颏，重心落于两腿之间，目视攻击方向。击出后，迅速还原格斗势（图11-34）。

（2）易犯错误

转体与侧摆不连贯，出拳时左右手没有保护好下颏，控制不好重心。击出后没有迅速还原格斗势。

3. 抄拳（分为左抄拳和右抄拳）

（1）动作要领

在格斗势的基础上，右脚蹬地，扣膝合胯，右肩下沉，微向左转腰的同时，借扭腰送胯之力，右拳由下、向前、向上抄起，拳心朝里，力达拳面。拳面朝上，拳眼朝右，大小臂夹角在90°～110°之间。左拳护下颏，重心落于两腿之间。击出后，迅速还原格斗势（图11-35）。

图 11-34

图 11-35

（2）易犯错误

没有扭腰送胯，出拳不自然。控制不好重心，击出后没有迅速还原格斗势。

（四）基本腿法

1. 鞭腿（分为左鞭腿和右鞭腿）

（1）动作要领

在格斗势的基础上，向前提膝展胯，身体向左后方倾斜，随即小腿像鞭子一样，脚尖绷直，向左横击，着力点于脚背。右手自然向右后方挥动，左手护下颔，重心落于左腿。击出后，先收小腿，下落时顺势回带，落于左脚后方，还原格斗势（图11-36和图11-37）。

图 11-36

图 11-37

（2）易犯错误

击出时没有充分展胯且凸臀。回收时效仿跆拳道，收小腿后先将脚落于左脚前方，再还原格斗势，而不是下落时顺势回收。

2. 正蹬腿（分为左正蹬腿和右正蹬腿）

（1）动作要领

在格斗势的基础上，右脚在左脚跟后进一步，身体微向后仰，左脚随即正直提膝送胯，脚尖向上，向正前方蹬，着力点在脚掌。两臂自然下垂护住两肋，重心落于左腿。击出后，先屈收左腿，迅速还原格斗势（图11-38和图11-39）。

（2）易犯错误

后倾幅度过大，重心不稳，前蹬无力。

3. 侧踹腿（分为前侧踹腿和后侧踹腿）

（1）动作要领

在格斗势的基础上，身体向左转体逆向左斜，右腿屈收至腹前，展胯而后

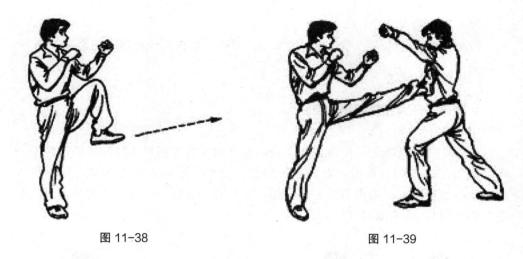

图 11-38　　　　　　　　　　　　图 11-39

向右前方踹出，着力点在脚掌，腿与体侧成直线。左手护下颏，右手自然下挥，重心落于左腿。击出后，先屈收小腿，而后迅速恢复成格斗势（图11-40和图11-41）。

图 11-40　　　　　　　　　　　　图 11-41

（2）易犯错误

展胯不充分且凸臀，腿踹不出时与体侧不成直线。

以上进攻技术可单招练习使用，也可根据动作转换的合理性和可行性进行组合运用。如上下结合，手脚并用，左右连击，纵横交错，真假虚实，灵活变换，使对手顾此失彼、防不胜防。

（五）基本摔法

摔法是运用手拉、脚绊配合身体旋转的力学原理，使对方身体失去平衡而被摔倒的技击形式。

1. 抱膝前顶摔

（1）动作要领

由格斗势开始，当对方拳击自己头部时，随即下潜躲闪，上左步，两手抱对方双腿用力回拉，同时用左肩顶对方腹部，将其摔倒。

（2）易犯错误

下潜时机和距离掌握不好。抱腿回拉与肩顶腹部不是同时进行。

2. 抱腿别腿摔

（1）动作要领

当对方用右侧弹踢腿时，随即避势趋进抱起左腿，并上左腿绊别其支撑腿，随即上体右转用胸下压对方左腿，使其倒地。

（2）易犯错误

抱腿不敏捷，别腿、转体压腿衔接不连贯。

（六）防守技术

1. 后闪

重心后移，上体略后仰闪躲，目视对方。闭嘴合齿收下颌。防守对方拳法攻击上盘部位。

2. 侧闪

两腿微屈、俯身，上体向左侧或右侧闪躲。主要闪躲对方左右冲拳，正面攻击上盘部位。

3. 下闪

屈膝、沉胯、下蹲、缩颈、弧形向下躲闪，两手紧护胸部，目视对方。主要防守对方横向攻击头部的左右掼拳、横踢腿等。

4. 拍挡

左手以拳心或掌心为力点向里横向拍挡对方右直拳。主要防守对方直线型拳法对中、上盘的攻击。

第十二章 跆拳道运动

第一节 跆拳道运动概述

扫码即可观看

一、跆拳道的起源与发展

跆拳道起源于朝鲜半岛，距今已有两千多年的历史。朝鲜民族古时以农业及打猎为生，在抵御野兽、对抗入侵与祭祀活动的舞艺中，逐渐演变成有意识的攻防技巧及格斗自卫武艺的雏形。

1955年4月11日，由韩国各界著名人士组成的名称制订委员会，通过无记名投票，一致通过了"跆拳"二字。由此产生了"跆拳道"。1961年9月韩国成立了唐手道协会，后更名为跆拳道协会，并成为全国运动会正式竞赛项目。1966年第一个国际组织——国际跆拳道联盟（ITF）成立。1972年，国际跆拳道联盟总部迁到加拿大的多伦多。1973年5月，在韩国成立了世界跆拳道联盟（WTF）。1980年，国际奥委会正式承认了世界跆拳道联盟。1988年汉城奥运会跆拳道被列为示范比赛项目，1992年巴塞罗那奥运会跆拳道被列为试验比赛项目，2000年悉尼奥运会跆拳道成为奥运正式比赛项目。

1989年，世界跆拳道联盟首次在北京举行跆拳道培训班，WTF跆拳道首次作为竞技体育被介绍到中国。1995年8月正式成立了中国跆拳道协会，1995年11月，中国跆拳道协会被世界跆拳道联盟接纳为正式会员。

二、跆拳道运动与身体健康

跆拳道运用骨骼、肌肉、关节的活动来调整身体，因此它是一种全身性运动。参与跆拳道运动时通过踢腿、闪躲、攻击或防御等动作,使身体肌肉更加强健。通过将全身力量集中到某个部位的"对准焦点"练习,训练肌肉的爆发力;以基本动作和模式练习提升反应灵敏性的同时,也锻炼了不同动作互换的能力。通过跆拳道的练习,可以使血液循环顺畅,使肌肉和结缔组织变得有韧性,使关节和血管变得柔软。

第二节 跆拳道运动的练习方法

一、击

1. 直拳

出拳不高于肩部,击打部位是身体中线以上,辅助手臂弯曲向后夹紧(图 12-1)。

图 12-1

2. 直拳侧击

攻击部位是胸口,攻击的路线是从髋关节到胸部旋转攻击,动作完成后直拳侧击与胸口同高。

3. 背拳前击

右臂从左髋关节开始,拳心向下,要从辅助手臂的内侧向外,腕部不能弯曲(图 12-2)。

4. 下捶拳

攻击的手臂从里到外,动作幅度要大,手下捶时,拳的高度与眼部同高,左右脚内侧形成 90°(图 12-3)。

图 12-2

图 12-3

5. 勾拳

起始时双拳的拳心向下，然后慢慢旋转出击，辅助手旋转到右肩部时，拳心向脸部。

二、打

1. 掌肘对击

击打部位是胸口，击打手臂的拳心向下，动作完成后击打的肘关节与辅助手臂掌心对齐，肩部向进攻方向自然形成45°（图12-4）。

图 12-4

2. 肘上击

击打部位是下颌，动作完成后拳心向脸，肘部与耳朵同高；辅助手的拳放在髋关节处，拳心朝上；肩部向进攻方向自然形成45°。

三、基本站姿

1. 并排步
两脚间距一脚长的距离，脚内侧平行，两脚膝关节伸直（图12-5）。

2. 走步
自然走步时，有停顿的动作。双腿伸直，重心均匀分布在两脚上。身体中正，肩部与正前方自然形成30°角。前后脚的距离为三脚长（图12-6）。

图 12-5   图 12-6

3. 并步
双脚内侧合并,双腿膝关节伸直(图12-7)。
4. 左右站姿
在准备姿势下,左脚或右脚向外旋转90°(图12-8)。

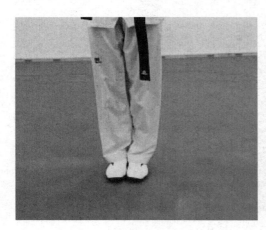

图 12-7

图 12-8

5. 弓步
前后脚相距四脚半长的距离、左右脚宽度是一拳距离。上体中正,前脚膝关节弯曲。低头下看时,膝关节与前脚尖在一条直线上。后脚尖与正前方自然形成30°角,后腿膝关节伸直,重心的2/3放在前脚(图12-9)。
6. 三七步
双脚呈L形,脚内侧形成90°角,重心的70%放在后腿,30%放在前腿(图12-10)。

图 12-9

图 12-10

7. 虎步

身体中正，后脚尖与正前方形成30°角，重心在后腿，前腿膝关节与前脚尖在一条直线上，前脚跟离地，前脚掌轻轻点地，双腿膝关节弯曲，身体重心的90%或100%放在后腿，前后脚相距两脚长距离（图12-11）。

8. 马步

双脚间相距两脚长距离，两腿膝关节弯曲，膝关节向正前方，上体中正，低头向下看时，膝关节与前脚尖在一条直线上，膝关节扣紧，不能向外（图12-12）。

图 12-11

图 12-12

9. 前后交叉步

双脚相距一拳距离，双腿交叉，小腿形成"X"形，重心的90%放在腿上，前脚和后脚形成90°角（图12-13）。

图 12-13

10. 鹤立步

支撑脚的脚尖向正前方，脚内侧平行；支撑腿膝关节与马步相同，膝关节弯曲向正前方；辅助脚的内侧紧贴支撑腿膝关节内侧；辅助腿的膝关节向正前方（图12-14）。

11. 提膝鹤立步

支撑脚的脚尖向正前方，双脚内侧平行；支撑腿膝关节与马步相同，膝关节弯曲向正前方；提膝的脚背紧贴在膝关节后面；提膝的膝关节向正前方（图12-15）。

图 12-14

图 12-15

四、跆拳道的基本格挡

1. 下格挡

起始动作：右侧下格挡时，右臂弯曲放在左肩部，拳心向脸部；辅助手臂伸直，拳心向下与胸口同高。

规定动作：动作完成后，格挡的拳与左右大腿部的距离为一立拳距离；辅助拳放在髋关节处，手臂向后夹紧。

2. 中内格挡

起始动作：右中内格挡时，右手臂弯曲，拳心向外，腕部伸直，拳与颈部同高；辅助手臂伸直，拳心向下与胸口同高。

规定动作：格挡的拳要到身体的中心线；格挡动作完成后拳与肩部同高；格挡动作完成后右手臂的角度是90°～120°；辅助拳放在髋关节处，手臂向后夹紧。

3. 中位外格挡

起始动作：右臂中外格挡时，右臂弯曲并放在左髋关节处，拳心向上；辅助手臂弯曲并放在右肩部,拳心向外。

规定动作:格挡的拳心向外,拳与肩部同高;格挡手臂的角度是90°～120°;辅助拳放在髋关节处,手臂向后夹紧;格挡时,格挡手臂的拳经过肩部。

4. 上格挡

起始动作:右上格挡时,右臂放在左髋关节处,拳心向上;辅助的左臂弯曲放在右肩部,拳心向外。

规定动作:格挡手臂的腕部到人体中心线;格挡手臂与前额为一拳距离;格挡完成后格挡的手臂形成45°角。

5. 手刀中位格挡

起始动作:左侧手刀格挡时,左手放在右髋关节处,掌心向上;辅助的右臂展开120°,手尖与肩部同高,拳心向外,腕部伸直。

规定动作:格挡手臂的掌心向外,腕部伸直;格挡手臂的角度是90°～120°;格挡的手尖与肩部同高;格挡的手刀经过右肩部;辅助手臂的掌心向上与胸口同高,与身体相隔为一立掌距离。

6. 单手刀中位外格挡

起始动作:左侧单手刀外格挡时,左手刀放在右髋关节处,腕部伸直,掌心向上;辅助的右臂弯曲握拳放在左肩部,拳心向外。

规定动作:格挡手臂的掌心向下成45°,腕部伸直,手尖与肩同高,格挡手臂的角度在90°～120°。辅助手臂弯曲向后夹紧。

7. 手刀交叉下格挡

起始动作:双拳放在右髋关节处,左手在上,右手在下,双拳心向上。

规定动作:手刀交叉下格挡动作完成后,双臂交叉形成"×"形态;大腿与手刀相距是一立拳距离;肘关节轻微弯曲,腕关节伸直;动作完成后双拳的拳心向左右。

8. 燕子手刀颈部攻击

起始动作:左手刀从右髋关节处向下移动;右手刀从肩部向前移动。

规定动作:左侧格挡时,格挡的手臂与额头距一拳距离,腕部伸直;攻击的手刀与颈部同高,肩部向左45°角。

9. 剪刀格挡

起始动作:右拳从左髋关节处向上移动,拳心向里;左拳从右肩部向下移动,拳心向下。

规定动作:格挡动作完成后,内臂中外格挡的拳与肩部同高;下格挡的拳在大腿正前方,与大腿相距一立掌距离;双臂距与肩部同宽;格挡时,内臂中外格挡的手臂在外侧,下格挡的手臂在内侧。

10. 单手刀上位斜外格挡

起始动作:右侧单手刀上位斜外格挡时,右手刀从左髋关节处,向上移动;

左臂弯曲与右肩部同高，掌心向外。

规定动作：格挡手刀的腕部伸直，高度与头部同高，肘关节轻微弯曲然后交叉格挡，身体向正前方形成45°角。

11. 牛角势格挡

起始动作：双拳放在小腹部，拳心向内，拳与拳的距离是一拳。丹田和拳的距离为一立掌。

规定动作：拳的高度与上格挡同高；格挡动作完成后，左右臂形成45°角；拳和拳相距是一掌距离，双拳和前额相距是一拳距离；格挡完成后，形成犹如把牛角左右撕开的动作。

12. 双拳上位侧格挡

起始动作：左侧格挡时，右臂放在右髋关节处，拳心向上；左臂放在胸口右侧，拳心向下。

规定动作：格挡的手臂经过面部，腕部伸直，高度与耳部同高，拳心向耳部；辅助手与胸口同高，拳心向下，腕部在胸口的左侧。

13. 山形格挡

起始动作：双拳从髋关节两侧开始，交叉形成"×"形态。拳心向下，肘关节轻微弯曲。

规定动作：格挡时，双臂交叉经过面部。格挡动作完成后，双臂的腕部与耳部同高，拳心向内，肘关节放松下垂。

14. 反手刀中外格挡

起始动作：右侧格挡时右臂放在左髋关节处，掌心向下；左臂放松伸直展开，掌心向上，腕部伸直与肩部同高。

规定动作：格挡的手臂经过肩部时开始格挡，高度与肩部同高。格挡完成后辅助的手臂与胸口同高，掌心向下，掌和胸口相距一立掌距离。

第十三章 体育舞蹈

第一节 体育舞蹈概述

扫码即可观看

一、体育舞蹈的起源

体育舞蹈是一门融体育、音乐、美学、舞蹈为一体,以身体动作舞蹈化为基本内容,以双人或集体配合练习为主要运动形式的娱乐健身型的运动项目。体育舞蹈起源于欧洲,一些国家将民间舞蹈加以提炼和规范,形成了流行在宫廷中的"宫廷舞"。起初体育舞蹈的动作高雅繁杂、拘谨做作,完全没有民间舞的风格,只在宫廷盛行。

法国大革命后,巴黎出现了世界上第一家舞厅,从此,交谊舞在欧洲社会中流行。1924年,由英国发起的欧美舞蹈界人士在广泛研究传统宫廷舞、交谊舞及拉美国家的各式舞的基础上,对此进行了美化与加工,于1925年正式颁布了华尔兹、探戈、狐步、快步四种舞的步伐,总称摩登舞。1950年,由英国世界舞蹈组织(ICBD)主办了一届世界性的大赛——黑池舞蹈节,并把规范后的舞蹈命名为国际标准交谊舞,以后每年的5月底,在英国的"黑池"举办一届世界性的大赛。随着这种舞蹈在世界上不断推广,自身也得到了发展,摩登舞中又增加了维也纳华尔兹。1960年,非洲和拉美一些国家规范后又增加了拉丁舞的比赛。

拥有74个会员国的"国际舞蹈运动总会"于1997年9月4日正式成为国际奥林匹克委员会会员,2000年成为悉尼奥运会表演项目,2008年成为正式比赛项目。

二、体育舞蹈的发展

体育舞蹈的发展过程经历了原始舞蹈、公众舞、民间舞、宫廷舞、社交舞、新旧国际标准交际舞等时期。国际上存在两个国际体育舞蹈组织：世界体育舞蹈及体育舞蹈理事会，1950年9月22日在英国苏格兰的爱丁堡成立，现有52个会员协会，注册地为英国伦敦；国际体育舞蹈联合会1935年成立于布拉格，现有79个会员协会，注册地为瑞士洛桑，于1997年获国际奥委会正式承认。

国际标准交谊舞20世纪30年代传入中国，20世纪80年代发展较快，先后与日本、美国、英国等国家进行交流活动。我国自20世纪80年代正式引进体育舞蹈后，发展迅速，1986年成立"中国国际标准舞总会"；1987年举办了"第一届全国国际标准舞锦标赛"。如今，体育舞蹈在我国已经非常流行，加之国家对体育舞蹈项目的重视，我国参加体育舞蹈英国黑池舞蹈节比赛的选手已经非常多，水平也已经非常高。

三、体育舞蹈与身体健康

体育舞蹈运动中，优美动听的音乐、美妙动人的舞姿、活泼欢快的群体气氛和自我身体律动等，会使练习者受到感染而产生愉快的情绪，对消极情绪起到积极的调节作用。体育舞蹈可以为练习者提供展示自我的机会，不断激发展示自我的热情，进而提高自我表现力，体会到成功的快乐并增强自信心。

体育舞蹈是一项充满着美感的运动，在运动中尝试美的内在体验，培养自己的审美意识和对美的感受能力，在运动中肯定自己、赞美自己、吸引自己、愉悦自己，努力塑造美的身体，展现自身高雅的气质。体育舞蹈不仅能增强体质、完美形体，还能发展创造力，丰富精神世界、锻炼和培养人的意志和进取精神。在掌握了具有一定难度的动作和连接技巧后，个体能够发现自身在体力、技能方面的优势，进而获得克服困难、实现目标的自信心和勇气。

第二节 体育舞蹈的练习方法

一、体育舞蹈的分类

体育舞蹈是以男女为伴的一种步行式双人舞的竞赛项目，按照体育舞蹈的风格和技术结构可分为两大类：摩登舞、拉丁舞；按照竞赛项目可分为三大类：摩登舞、拉丁舞、集体舞（队列舞）。

（1）摩登舞

摩登舞包括华尔兹、维也纳华尔兹、探戈、狐步和快步舞5个舞种。

（2）拉丁舞

拉丁舞包括伦巴、恰恰、桑巴、牛仔和斗牛舞5个舞种。

（3）集体舞

摩登舞和拉丁舞的10个舞种均有各自的舞曲、舞步及风格。根据各舞种的乐曲和动作要求，组编成各自的成套动作。团体舞包括拉丁舞集体舞和摩登舞集体舞。

二、体育舞蹈常识

1. 摩登舞

（1）摩登舞的舞程向和舞程线

① 舞程向是指整套舞蹈进行的方向。摩登舞的特点之一是在行进中完成整套动作，为避免舞者之间相互碰撞，规定在舞场起舞时均按逆时针方向进行。

② 舞程线是指舞者在起舞时，沿舞场四侧之一按舞程向行时的直线。在长方形的场地中，长边称为A线和C线，宽边称为B线和D线，起舞时位于A线的起端或C线的起端均为最佳位置。

③ 在舞蹈中大家必须沿着同一方向环绕进行，以避免相互碰撞。

（2）摩登舞步结构

① 身体位置是指舞步开始或结束时，身体与舞场的位置关系，包括面对舞程向、背对舞程向、面对中央、面对墙壁、背斜对墙壁。舞者可根据舞蹈编排的需要选择或变化位置关系，以突出舞蹈风格特点和提高表演效果。

② 脚位是指舞者在运动中脚与身体的位置的关系。

· 左脚或右脚前进；

· 左脚或右脚后退；

· 左脚或右脚向侧；

· 左脚或右脚斜进；

· 左脚或右脚斜退。

③ 转度是指舞者运动时每一步之间脚位方向变化的度数，通常以圆的切分法来表示。即1/8表示45°，1/4表示90°，1/2表示180°，5/8表示225°，3/4表示270°等。

④ 基本节奏是指音乐的均衡循环。由于音乐节奏的变化，产生不同的音乐格调，舞者按音乐节奏的变化来调整舞步，从而表演出不同风格特点的舞姿。

⑤ 在舞蹈进行中，脚步动作非常重要，正确使用脚的不同部位接触地面，可使身体的移动表现出平衡、圆滑、优美的舞姿。一般将脚分为脚尖、脚掌、脚跟

三个部位。因此在练习中要特别注意掌握正确运用脚的不同部位，以提高表演的效果。

2. 拉丁舞

（1）拉丁舞的舞程向与舞程线

拉丁舞与摩登舞的风格有很大的区别，不似摩登舞的五个舞种都遵循同样的舞程向和舞程线，加之拉丁舞自身的五个舞种之间风格也有所不同，所以，拉丁舞每支舞曲的舞程向与舞程线有其自身的特点。

伦巴舞、恰恰舞、牛仔舞在起舞时可沿逆时针方向行进，也可从场地中央开始向场地四个角的方向进行。桑巴舞和斗牛舞在表演和比赛时以面对观众或评委起舞为最佳；桑巴舞的舞程向和舞程线与摩登舞的一致，因为它是拉丁舞中行进性的舞蹈。拉丁舞在表演或舞厅自娱时，起舞的方向和路线可根据舞蹈编排的需要或舞厅场地条件灵活变化，均可取得良好的表演效果。从舞者起舞向舞程向行进时的直线即为拉丁舞的舞程线。

（2）拉丁舞的姿态

① 伦巴舞和恰恰舞

·两脚自然轻松地靠拢站好，脚跟靠拢，脚尖打开呈约90°。

·挺胸、脊柱骨伸直，不可耸肩。

·任一脚向侧跨出一步，支撑重心的另一只脚伸直，并将体重全部移到这只上面，以使骨盆可往旁边方向移动，因而感觉上重量放在支撑脚的脚跟，其膝盖要向后锁紧。至于骨盆移动的幅度要以不影响上身的姿态为原则。

② 桑巴舞和牛仔舞

·两脚自然轻松地靠拢站好，其中脚跟靠拢，脚尖打开呈约90°。

·挺胸、腰杆伸直，不可耸肩。

·任一脚向外跨出一步，支撑重心的另一只脚伸直，并将体重全部移到这只上面，使重量前移至前脚掌，而后脚跟仍不离地板，并且支撑脚的膝盖不可向后锁紧。某些舞步则例外，如桑巴舞中的分式摇滚步、后退缩步和卷褶步，以及捷舞里鸡走步。

由于西班牙斗牛舞，没有骨盆或臀部的运动，其姿势与上述各种拉丁舞的不同处如下。

·骨盆向前微倾，上身挺拔，铿锵有力。

·重量由两个脚掌很均匀地承受。

·当脚伸直时，膝盖不可向后扣紧。有一个例子除外，那就是西班牙舞姿。

（3）拉丁舞的方位

拉丁舞中以肩引导（侧行）时，方位的正确与否十分重要。伦巴舞、恰恰舞和牛仔舞是非前进式舞蹈，桑巴舞与西班牙斗牛舞则为前进式舞蹈。

3. 体育舞蹈的礼仪

（1）请舞

请舞又叫邀舞。舞曲响起后，男士听清楚音乐的节奏和所跳的舞蹈是几步舞后，应主动走到女士面前邀请对方跳舞。男士邀请女士跳舞时，女士可以拒绝，但要很有礼貌地婉言谢绝。

（2）领舞

领舞是邀请到舞伴后带对方到舞池中去跳舞。做法有两种：如果在正规场合中跳舞，男士要用右手或左手，牵带女士的左手或右手，掌心向上；如果是在非正式场合中或者是同事、朋友及比较熟悉的人在一起跳舞，邀请舞伴后，以男士在前、女士在后跟随的方式去做。

（3）共舞

共舞是男士和舞伴随着音乐共同跳舞的过程。在共舞时，应当保持优美的舞姿，遵循跳舞场合的礼节。在共舞过程中，男士对女士应多关照，始终以礼相待。引带手势要清楚，不要用力，直至一支舞曲结束。

（4）谢舞

谢舞是男士领带女士共舞结束时以有礼节的形体动作向舞伴表示谢谢和再见。根据音乐结束时的旋律，男士左手举高引带女士向左旋转一圈或两圈，以示感谢。此动作要求男士掌握动作要领，讲究规范、高标准、高质量地完成。

（5）舞场礼仪

国际标准交谊舞是集娱乐、健身与美育于一身的有益活动。对增进健康、陶冶情操有积极的作用，故跳舞要做到姿态美和心灵美，在舞场上要特别注意礼仪。

参加舞会时应该注意仪表，衣着、须发应该整洁，行为举止应文雅，邀请舞伴要大方有礼貌，跳舞前应先征得舞伴的同意，跳完舞应向舞伴致谢。在舞场不可大声喧哗或随便穿行，应遵守舞场规定。跳舞时要运步自然、潇洒，不要做怪动作。舞伴间要相互尊重，根据对方的水平跳出各种花样。不要苛求对方，更不要显出不耐烦的神态。男伴在领舞时，可做轻微的推、拉、扭、按，向女伴示意。

第三节　体育舞蹈的评价与欣赏

体育舞蹈是将艺术、体育、音乐、舞蹈融于一体，把"健"与"美"完整结合的典范。作为艺术形式，体育舞蹈因为具有独特的观赏性和强烈的艺术感染力，而在众多的体育项目中独树一帜。同时，作为一项体育运动，体育舞蹈又具有极强的竞技性,这也使它不同于崇尚表演的舞蹈艺术。同时,体育舞蹈还是一项老少皆宜的健身和娱乐方式。正因为如此,体育舞蹈自问世之日起,就很受大众喜爱并很快风靡世界。

一、欣赏体育舞蹈的方法

1. 欣赏形体美

在比赛中,选手不仅技艺超群,优美的身体造型与音乐的协调配合也能够极大地满足人们的审美心理要求。因此,在这样一个较量美的运动项目中,优美的身体形态也就成为夺取好成绩的必要条件。

2. 欣赏音乐美

音乐是体育舞蹈的重要组成部分,音乐丰富了体育舞蹈的艺术表现力,它以声音来表达创造者和表演者的内心世界。因此,在观赏舞蹈时,可以随着音乐的旋律产生联想与想象。在观看体育舞蹈比赛时,要欣赏音乐与动作的有机结合,动作必须符合音乐的特点,巧妙地把技术动作、乐曲的旋律、节奏以及个人的风格和谐地组织起来。

3. 欣赏动作美

根据体育竞赛的竞技性特点,由动作、技术和战术综合表现的动作美,是观赏体育竞赛的核心内容。选手在不同的舞种表演中,寻求和表现不同的风格。体育舞蹈比赛中,运动员利用自己的身体条件和表演风格,把具有各自特色的动作表演得那样娴熟、完成足够数量的精彩的难度动作组合,做到动中有静,静中有动,舒展流畅,连绵不断,使外表的动作与内在的情感融为一体,加上优美动听的音乐,令观众陶醉在美的艺术之中,充分得到美的享受。

二、体育舞蹈评判标准

1. 基本规则

① 评判工作自选手进入比赛位置时开始,只有当音乐停止时方告结束。在整个舞蹈表演过程中,裁判必须不断地给选手打分并在必要时修正分数。

② 如果音乐尚未结束而选手停止表演,则其该项舞蹈的分数列最后一位。如果在决赛中发生这种情况,裁判必须不断地给选手打分并在必要时修正分数。

③ 裁判必须在规定的时间内对选手的特定舞种的表演进行单独评判。考虑任何其他因素,诸如选手的名气、以往的表现或在其他舞种中的表现,都是不允许的。

④ 裁判无需向选手解释评分结果,在比赛过程中或两轮比赛之间,不允许裁

判和任何人讨论参赛选手或他们的表现。

⑤ 对于所有舞种，选手的时值和基本节奏是裁判打分的首要因素。因此，如果选手重复犯此错误，那么其该项的舞蹈分数列最后一位。

2. 体育舞蹈的看点
① 情：表达感情是舞蹈的核心。
② 柔：动作柔中有刚，刚中有柔，刚柔相济。
③ 美：动作美、体态美、形神兼备。
④ 韵：韵律、韵味，即音乐性，有情感，有音乐感。
⑤ 健：健美，要有力度感，神态、体态都不是软塌塌的。
⑥ 准：动作准确，动作、舞姿、造型，不多不少，有分寸。
⑦ 轻：体态轻盈如同一片羽毛，即使是大跳时也有如同燕子般轻盈的感觉。
⑧ 洁：动作干净，不拖泥带水。
⑨ 敏：动作像燕子穿帘一样敏捷。
⑩ 稳：稳如泰山，将技巧性动作变成舞姿。

第十四章 啦啦操运动

第一节 啦啦操概述

扫码即可观看

一、啦啦操的起源与发展

啦啦操是一种有组织的为体育赛事助威的活动,集中体现青春活力、健康向上的团队精神。现代啦啦操运动是体育运动中的一个新兴项目,起源于19世纪70年代的美国,第一个啦啦队俱乐部在美国普林斯顿大学成立。1898年明尼苏达大学的学生约翰尼·坎贝尔在一次橄榄球比赛时带领观众一起为比赛呐喊助威,由此成为第一位正式的啦啦队长,也标志着啦啦队活动的正式诞生。1998年国际啦啦操队联合会(IFC)在日本东京成立。1998年中国大学生篮球联赛(CUBA)诞生,为其加油呐喊的啦啦操表演应运而生,各高校充满活力和洋溢着青春气息的啦啦操表演给观众留下了深刻的印象,也成为篮球场上一道亮丽的风景线。

二、啦啦操运动的分类

(1)技巧啦啦操

以翻腾、托举、抛接、金字塔组合、舞蹈动作、过渡连接及口号等形式为基本内容的团队竞赛项目。

(2)舞蹈啦啦操

以舞蹈动作为主,通过展示各种舞蹈技巧和元素,结合道具为基本内容的团队竞赛项目，包括彩球、高踢腿、爵士、现代、街舞、道具等多个组别。

三、啦啦操运动的口号

口号是啦啦操最基本的技术之一，可以放在成套动作的前、中、后，一般多放在成套动作的中间。口号的基本要求如下。

（1）体现主题

要求体现队伍勇往直前、积极向上的精神。

（2）口号选取

队伍、吉祥物、学校、地区、国家的名字以及简短的激励人心、鼓舞士气的词语或名言警句均可。口号应含义清楚，切忌选取发音复杂、不容易提高音量的词语，同时应避免使用晦涩、易产生歧义的词语。

（3）声音运用

发出口号前要深呼吸，咽喉放松，当肺活量处于最大值时，发出口令，同时控制气息流动，保证气息通畅，使身体的共鸣腔扩展到最大以产生最佳声音效果。

（4）口号效果

口号要做到简短有力，声音洪亮而整齐，用热情感染观众。

第二节 啦啦操的基本技术

一、啦啦操基本手臂动作

上 M

下 M

平举 M

高举 M

下举 M

平举 TM

斜 T

小 T

直臂平举 T

高举 X

下举 X

屈臂 X

X

上举 A

下举 A

屈臂 A

上举 H

下举 H

小 H

L

K

侧 K

R

大弓箭

小弓箭

旗兵 1

旗兵 2

旗兵 3

旗兵4　　　　　　　　　　旗兵5　　　　　　　　　　旗兵6

图 14-1

二、啦啦操基本下肢动作

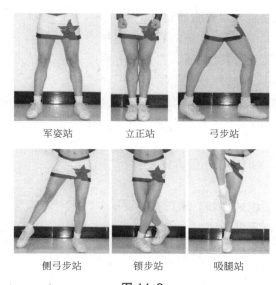

军姿站　　　立正站　　　弓步站

侧弓步站　　　锁步站　　　吸腿站

图 14-2

三、啦啦操基本组合

【组合一】

预备姿势：基本站立。

1×8拍：

1拍：重心右移，右脚支撑，左腿屈膝点地，右臂侧平举，左臂胸前平屈；

2拍：重心左移，左脚右支撑，右腿屈膝点地，左臂侧平举，右臂胸前平屈；

3拍：重心右移，右脚支撑，左腿屈膝点地，右臂侧平举，左臂胸前平屈；

4拍：保持3拍的动作；

5、6拍：右脚向右一步，双臂直臂胸前交叉；

7、8拍：还原成直立。

2×8拍：同1×8拍动作，方向相反。

3×8拍：

1、2拍：右脚向右一步屈伸一次，重心前移，双臂胸前屈伸1次；

3拍：双腿屈伸一次，重心后移，双臂胸前屈1次，右臂下举；

4拍：双腿伸直，左臂胸前屈，右臂前下举；

5～8拍：屈膝弹动2次，重心前移，两臂交替屈伸。

4×8拍：同3×8拍动作，方向相反。

5×8拍：

1、2拍：左脚漫步，双臂胸前屈；

3拍：双脚开立，左臂侧上举，右臂腰侧屈；

4拍：双脚并立，左臂腰侧屈，右臂肩上屈；

5拍：屈膝半蹲，右臂伸直侧上举；

6拍：同4拍动作；

7拍：同5拍动作；

8拍：还原成直立。

6×8拍：同5×8拍动作，但方向相反。

7×8拍：

1、2拍：左脚后退成弓步，双臂上举；

3、4拍：还原，双臂下举；

5、6拍：右脚丁字步，右臂侧举，左臂胸前屈；

7、8拍：还原成直立。

8×8拍：同7×8拍动作，但方向相反。

【组合二】

1×8拍：

1～3拍：右脚开始向前走步3次，右臂腰侧屈，左臂由上举向下做3次旋转前臂；

4拍：左脚并右脚，保持左臂胸前屈；

5、6拍：左脚侧点地，左臂侧上举，右臂腰侧屈；

7拍：左脚收回的同时，右脚丁字步，上体左转45°，右臂侧上举，左臂腹右胯；

8拍：同7拍动作，但方向相反。

2×8拍：同1×8拍动作，但方向相反。

3×8拍：

1、2拍：左脚向右前方做漫步一次，双臂胸前屈；

3、4拍：左脚直立，右腿屈膝点地，左臂侧上举，右臂腰侧屈；

5拍：右髋上提，手臂保持；

6拍：双腿屈膝，右脚脚尖点地；

7、8拍：同5~6拍动作。

4×8拍：同3×8拍动作，但方向相反。

5×8拍：

1、2拍：右脚右迈一步成两脚开立，右臂腰侧屈，左臂右斜前举，旋转2次；

3、4拍：两脚开立，右臂腰侧屈，左臂胸前屈；

5~8拍：上体体前平屈，左臂从右到左画弧。

6×8拍：同5×8拍动作，但方向相反。

7×8拍：

1拍：右脚向前踏步，双臂侧下举；

2拍：左脚向前踏步，双臂侧平举；

3拍：右脚向前踏步，双臂侧上举；

4拍：左脚并右脚，双臂侧上举；

5、6拍：右臂侧上举，左臂内绕环一周至腰侧屈；

7、8拍：还原成直立。

8×8拍：同7×8拍动作，但方向相反。

【组合三】

1×8拍：

1、2拍：右脚向右一步，向右顶髋，双臂右前方胸前绕臂2次；

3、4拍：左脚向左一步，向左顶髋，双臂左前方胸前绕臂2次；

5、6拍：两脚开立，半蹲，双臂经胸前交叉成左臂侧上举，右臂侧下举；

7、8拍：还原成直立。

2×8拍：同1×8拍动作，但方向相反。

3×8拍：

1、2拍：右脚向右一步，左脚侧踢，双臂前臂由左向下向右绕环一周；

3、4拍：左脚交叉于右脚后，双臂右下举；

5、6拍：右脚右移一步成两脚开立，左腿屈膝脚尖点地，右臂侧平举，左前臂内绕环一周至上举，抬头；

7、8拍：还原成直立。

4×8拍：同3×8拍动作，但方向相反。

5×8拍：

1～4拍：并脚，逐渐扭转下蹲，双臂自然摆动4次；

5、6拍：右脚向右一步成开立，右臂前下举，左臂腰侧屈；

7、8拍：还原成直立。

6×8拍：同5×8拍动作，但方向相反。

7×8拍：

1、2拍：右脚后退一步成弓步，双臂后绕环；

3、4拍：右脚收回并左脚，双臂胸前屈；

5、6拍：右脚侧移一步，转90°成弓步，右臂前举，左臂上举；

7、8拍：还原成直立。

8×8拍：同7×8拍动作，但方向相反。

【组合四】

1×8拍：

1、2拍：右脚向右一步，左腿屈膝脚尖点地，右臂肩上屈；

3、4拍：左脚向左一步，右腿屈膝脚尖点地，两臂肩侧屈；

5、6拍：右脚向左前漫步，双臂由前向下绕；

7、8拍：右转90°，右脚点地在左脚边成丁字步，右臂腰侧屈，左臂上举。

2×8拍：

1～4拍：右脚开始向前走4步，左臂由上举至胸前屈；

5、6拍：左脚在前恰恰，右手侧上举，左手扶于右髋；

7、8拍：右脚在前恰恰，双臂侧下举。

3×8拍：

1～4拍：右脚向前做漫步，双臂自然摆动；

5～8拍：左转90°，右脚向前做漫步，双臂自然摆。

4×8拍：

1、2拍：左转90°，右脚向前做恰恰，双臂侧平举；

3、4拍：左转90°，左脚并右脚成丁字步，双臂上举；

5～8拍：左脚点地并于右脚，左顶髋3次，右臂上举，左臂由上举至下举。

5×8拍：

1、2拍：左腿屈膝，右腿向左前点地，右臂侧上举，左臂侧下举；

3、4拍：左转270°，双腿交叉，上体前平屈，双臂胸前屈；

5拍：左脚侧摆腿跳，右臂胸前屈，左臂侧下举；

6拍：右腿侧摆腿跳，左臂胸前屈，右臂侧上举；

7、8拍：右腿侧弓步，左脚侧点地，右臂胸前平屈，左臂侧下举。

6×8拍：

1、2拍：右转90°，左脚并右脚成丁字步，屈膝，上体前平屈同时双臂前伸；

3、4拍：重心后移，左脚尖点地，上体直立，双臂后摆；

5～8拍：同1～4拍动作。

7×8拍：

1～3拍：左脚开始十字步，双臂头上云手；

4拍：还原成直立；

5、6拍：右脚点地并于左脚，左手扶于左髋，右臂侧上举；

7、8拍：同5～6拍动作，但方向相反。

8×8拍：

1、2拍：双脚并立，上臂上举；

3、4拍：左脚在前交叉，上体前屈，双臂侧下举；

5～7拍：右脚向侧一步成开立，腰绕环一周，双臂由左至右画圆；

8拍：双臂经胸前屈至前下举。

9×8拍：

1拍：左脚向右前上步，双腿交叉，屈膝，双臂胸前屈；

2拍：左腿伸直，右腿侧踢，双臂下举；

3、4拍：同1、2拍动作，但方向相反；

5拍：左脚向右前上步，双腿交叉，屈膝，双臂胸前屈；

6拍：右腿大踢，双臂上举；

7、8拍：左腿大踢，双臂上举。

10×8拍：

1、2拍：身体右转45°，双腿屈膝跳2次，双臂胸前屈，交替上下；

3、4拍：左脚剪刀跳，右臂侧平举，左臂上举；

5～8拍：同1～4拍动作，但方向相反。

11×8拍：

1、2拍：左脚右后漫步，双臂由左臂侧上举，右臂胸前平屈摆至右臂侧下举，左臂胸前平屈；

3、4拍：左脚向左恰恰，双臂前上方做臂绕环；

5～8拍：同1～4拍动作，但方向相反。

12×8拍：

1、2拍：双脚依次打开，双臂上举；

3、4拍：双脚依次并拢，双臂侧下举；

5～8拍：同1～4拍动作。

13×8拍：

1、2拍：左脚支撑，右脚点地绕髋，左臂腰侧屈，右臂头上云手；

3、4拍：左转90°，右脚点地绕髋，左臂腰侧屈，右臂头上云手；

5、6拍：左转90°，右脚点地绕髋，左臂腰侧屈，右臂头上云手；

7、8拍：双脚并拢，双臂下举。

14×8拍：

1拍：右脚向右一步，重心右移，右臂侧平举；

1拍和2拍间：重心左移回到两脚之间，右臂胸前平屈；

2拍：右脚并左脚，右臂下举；

3、4拍：同1～2拍动作，但方向相反；

5、6拍：并脚半蹲，左右臂交替胸前平屈；

7、8拍：右腿向右一步，左右顶髋，双臂前举，依次上下转动。

15×8拍：

1、2拍：左转90°，左脚先前一步成蹲，双臂自然前后摆动；

3、4拍：右脚并左脚，左臂腰侧屈，右臂上举；

5～8拍：同1～4拍动作。

16×8拍：

1～4拍：双脚并拢逐渐下蹲，上举左右摆动至胸前屈；

5拍：右臂扶于左髋，左臂侧上举；

6拍：左臂扶于右髋，右臂侧上举；

7拍：左脚在前交叉，双臂肩上屈；

8拍：右脚后屈，右臂上举，左臂侧平举。

第十五章 健美操运动

第一节 健美操运动概述

扫码即可观看

健美操是一项以有氧运动为基础，以健、力、美为特征，融体操、舞蹈、音乐为一体的身体练习。它既是健身美体、陶冶情操的大众健身方式，又是竞技运动的一个项目。随着有氧运动的发展，20世纪70年代末，集音乐、舞蹈、体操、美学于一体的健美操运动逐渐受到大众的青睐。

一、健美操运动的起源与发展

19世纪末、20世纪初，欧洲出现了许多体操流派，他们在理论和实践上的创新对健美操的发展起到了推动作用。20世纪80年代初，随着遍及全球的健身热和娱乐体育的发展，健美操以其强大的生命力风靡世界。

20世纪80年代健美操传入我国，北京、上海、广州等地相继举办了各种健美操培训班。随后通过各种新闻媒介对国外各种健美操的介绍，逐步推动了健美操在我国的广泛开展。1986—1988年，健身健美操和竞技健美操在我国得到了长足的发展。继1986年4月在广州举行的我国首次"全国女子健美操邀请赛"后，1987年5月在北京又成功地举办了首届正式的竞技健美操比赛——"长城杯"健美操邀请赛。为了有组织、有计划地推动全国大学生健美操运动的发展，1992年2月，在北京成立了中国大学生体育协会健美操、艺术体操协会。1992年9月，中国健美操协会在北京正式成立，标志着我国健美操运动进入一个崭新的发展阶段。健美操自传入我国以来，以其自身固有的价值和魅力，风靡世界，深受广大青年学生及群众的喜爱。

二、健美操的分类

1. 健身健美操

健身健美操，也称为大众健美操，是集健身、娱乐为一体的群众性普及性健身运动。健身健美操的主要目的在于健身，因此，其运动强度和动作难度相对较低，可为社会不同年龄、层次、性别、职业的人所选用。根据不同的需要，健身健美操还可从不同的角度进一步分类和命名。

① 按年龄结构可分为老年健美操、中年健美操、青年健美操、少年健美操、儿童健美操、幼儿健美操等。

② 按人体解剖结构活动部位可分为头颈健美操、肩部健美操、胸部健美操、臂部健美操、腹部健美操、髋部健美操、腿部健美操等。

③ 按练习的目的和任务可分为热身健美操、姿态健美操、形体健美操、减肥健美操、节奏健美操、活力健美操、跑跳健美操等。

④ 按练习形式可分为徒手健美操，持轻器械健美操（哑铃、彩球、花环、绳、手鼓等），专门器械健美操（垫上健美操、踏板健美操、健骑机健美操等）。

⑤ 按人数可分为单人、双人、三人、六人、八人和集体健美操。

⑥ 按性别可分为女子健美操和男子健美操。

⑦ 按人名、动作特色可分为简·方达健美操、瑜伽健美操、迪斯科健美操、搏击健美操、拉丁健美操、爵士健美操等。

2. 竞技健美操

竞技健美操是根据竞赛规则与规程的要求组编的一套具有较高艺术性、以比赛取得优异成绩为主要目的的健美操。竞技健美操有特定的比赛规则和评分方法，需完成一定的难度动作，对人体的心肺功能、身体素质、技术技能和艺术表现能力有较高要求。一般较适合于青年人。竞技健美操比赛共设6个项目：男子单人操、女子单人操、混双操、三人操和混合五人操、FIG有氧舞蹈、FIG有氧踏板。

3. 表演健美操

表演健美操主要是在表演中展示自己的价值和魅力；在观赏中陶冶情操、净化心灵、促进健美操活动的广泛开展；满足人们展开和表现自我的需要为目的，在特定的活动、场合或节日庆典中进行表演，集观赏、娱乐为一体的体育节目。一般而言，健身健美操用于表演极其普遍，竞技健美操用于表演时可不受规则的限制。

第二节　健美操运动的练习方法

一、健美操的基本动作

（一）基本手形

健美操中的手形是从芭蕾舞、现代舞、迪斯科、武术中吸收和发展而来的。手形是手臂动作的延伸和表现，充分利用手形会使健美操动作更加丰富，更具感染力。

1. 并拢式

五指伸直，相互并拢。拇指微屈，指关节贴于食指旁。

2. 分开式

五指用力伸直，充分张开。

3. 芭蕾手势

五指微屈，后三指并拢，稍内收，拇指内扣。

4. 拳式

握拳，拇指在外，指关节弯曲，紧贴于食指和中指。

5. 立掌式

五指伸直，手掌用力上翘。

6. 西班牙舞手势

五指用力，小指、无名指、中指自掌指关节处依次屈，拇指稍内扣。

（二）上肢动作

健美操的上肢动作包括手臂伸、摆、屈等，还包括手臂配合胸部进行合展、侧移等动作。

1. 举

臂伸直向某方向抬起。

2. 屈臂

前臂与上臂角度不断减小。

3. 伸臂

前臂与上臂角度不断增大。

4. 屈臂摆动

屈肘在体侧自然地摆动，可依次和同时进行。

5. 上提
直臂或屈臂由下至上提抬起，如屈臂前提、直臂侧提。

6. 下拉
臂由上举或侧上举拉至身体两侧。

7. 胸前推
立掌，臂由肩部向前推。

8. 冲拳
屈臂握拳，由腰间猛力向前冲拳。

9. 肩上推
立掌，屈臂由肩部向上推。

（三）基本步法

健美操基本步法是体现健美操练习者下肢动作基本姿态的主要练习手段，根据动作完成的形式不同，可将基本步法分为5大类：交替类、迈步类、点地类、抬腿类和双腿类。

1. 两脚交替类
两脚交替类步法主要是指两脚始终做依次交替落地的动作。

（1）踏步

两腿原地依次抬起，依次落地，同时两臂屈肘握拳，自然前后摆动。

技术要点：下落时，踝、膝、髋关节依次有弹性地缓冲。

（2）走步

迈步向前走时，脚跟先落地，过渡到全脚掌；向后走时则相反。

技术要点：落地时，踝、膝关节有弹性地缓冲。

（3）一字步

一脚向前一步，另一脚跟上并脚，然后再依次还原。

技术要点：向前迈步时，先脚跟着地，过渡到全脚掌；前后均要有并腿过程；每一拍动作膝关节始终有弹性地缓冲。

（4）V字步

一脚向侧前方迈一步，另一脚随之向另一方迈一步，成两脚开立，屈膝，然后再依次退回原位。

技术要点：两腿膝、踝关节始终保持弹动状态，分开后成分腿半蹲，重心在两腿之间。

（5）漫步

一脚向前迈出，屈膝，重心随之前移；另一脚稍抬起，然后原地落下，或向后撤一步，重心后移。

技术要点：两脚始终保持交替落地，身体重心随动作前后移动，但始终在两脚之间。

（6）跑步

两腿经过腾空，依次落地缓冲，两臂屈肘摆臂。

技术要点：落地屈膝缓冲，脚跟尽量落地。

2. 迈步类

迈步类步法主要是一条腿先迈一步，重心移到这条腿上，另一条腿用脚跟、脚尖点地或吸腿、屈腿、踢腿等，然后向另一个方向迈步。

（1）并步

一脚迈出，另一脚随之并拢屈膝点地；再向反方向迈步。

技术要点：两膝始终保持弹动，动作幅度和力度可随风格而定。

（2）迈步点地

一脚向侧向迈一步，两脚经屈膝移重心，另一腿在前、侧或后用脚尖或脚跟点地。

技术要点：两膝同时有弹性地屈伸，重心移动轨迹呈弧形；上体不要扭转。

（3）迈步吸腿

一脚迈出一步，另一腿屈膝抬起，然后向反方向迈步。

技术要点：经过屈膝半蹲，抬膝时支撑腿稍屈膝。

（4）迈步后屈腿

一脚迈出一步，另一腿后屈，然后向相反方向迈步。

技术要点：经过屈膝半蹲，支撑腿稍屈膝，后屈腿的脚跟靠近臀部。

（5）侧交叉步

一脚向侧迈一步，另一脚在其后交叉；随之再向侧迈一步，另一脚并拢，屈膝点地。

技术要点：第一步脚跟先落地，身体重心快速随着脚步而移动，保持膝关节、踝关节的弹动。

3. 点地类

点地类步法主要是一腿屈膝站立，另一腿伸出，用脚尖或脚跟点地后还原到并腿位置的动作。

（1）脚尖点地

一腿稍屈膝站立，另一腿伸出，脚尖点地，然后还原到并腿姿势。

技术要点：支撑腿始终保持屈膝站立，并且随动作有弹性地屈伸。

（2）脚跟点地

一腿稍屈膝站立，另一腿伸出，脚跟点地，然后还原到并腿姿势。只可做向前和向侧的脚跟点地。

技术要点：支撑腿始终保持屈膝站立，并且随动作有弹性地屈伸。

4. 抬腿类

抬腿类步法主要是一腿站立，另一腿抬起的动作。

（1）吸腿

一腿屈膝抬起，落下还原。

技术要点：支撑腿保持屈膝弹动，大腿上抬超过水平，上体保持正直。

（2）摆腿

一腿稍屈膝站立，另一腿做摆动。

技术要点：摆腿时上体顺势前倾、后倒或侧倾。

（3）踢腿

一腿稍屈膝站立，另一腿抬起，然后还原。

技术要点：抬起腿要有控制，保持上体正直。

（4）弹踢腿（跳）

一腿站立（跳起），另一腿先向后屈，再向前下方踢腿还原。

技术要点：腿弹出时要有控制，保持上体正直。

（5）后屈腿（跳）

一腿站立（跳起），另一腿向后屈膝，放下腿还原。

技术要点：支撑腿保持弹性，两膝并拢，脚跟靠近臀部。

5. 双腿类

双腿类步法主要是双腿站立，身体重心在两腿之间的动作。

（1）并腿跳

两腿并拢跳起。

技术要点：落地缓冲有控制。

（2）分腿跳

分腿站立屈膝半蹲，向上跳起，分腿落地屈膝缓冲。

技术要点：屈膝半蹲时，大、小腿夹角不小于90°。

（3）开合跳

由并腿跳起，分腿落地，再分腿跳起，并腿落地。

技术要点：分腿屈膝蹲时，两脚自然外开，膝关节沿脚尖方向屈，夹角不小于90°，脚跟落地。

二、大众健美操

（一）组合一

第一个八拍：

扫码即可观看

下肢步伐：1~8右脚一字步2次2 easy walk。

上肢动作：1、2双臂胸前屈，3、4后摆，5胸前屈，6上举，7胸前屈，8放于体侧。

第二个八拍：

下肢步伐：1~8右脚一字步2次2 easy walk。

上肢动作：吸腿时击掌，5~8同1~4。

第三个八拍：

下肢步伐：1~8侧并步4次（单单双）step touch（SSD）。

上肢动作：1右臂肩侧屈，2还原，3左臂肩侧屈，4还原，5双臂胸前平屈，6还原，7、8同5、6。

第四个八拍：

下肢步伐：1~4左脚十字步（box step），5~8踏步4次（4 march）。

上肢动作：1~4自然摆动，5击掌，6还原，7、8同5、6。

第五至第八个八拍：

动作同第一至第四个八拍相同，但方向相反。

（二）组合二

扫码即可观看

第一个八拍：

下肢步伐：1~8右脚开始前点地4次4 tap front。

上肢动作：1双臂屈臂右摆，2还原，3左摆，4还原，5右摆成右臂侧斜上举，左臂胸前平屈，6还原，7、8同5、6，但方向相反。

第二个八拍：

下肢步伐：1~4向右弧形走270° 4 march turn，5~8并腿半蹲2次2 squat。

上肢动作：1~4自然摆动，5双臂前举，6右臂胸前平屈（上体右转），7双臂前举，8放于体侧。

第三个八拍：

下肢步伐：1~8左脚开始两次上步吸腿转体90° 2 step knee。

上肢动作：1双臂前举，2屈臂后拉，3前举，4还原，5~8同1~4。

第四个八拍：

下肢步伐：1~8上步后屈腿4次4 step curl。

上肢动作：自然摆动，向前时胸前交叉。

第五至第八个八拍：

动作同第一至第四个八拍相同，但方向相反。

（三）组合三

第一个八拍：

下肢步伐：1～4向右交叉步 grapevine，5～8右腿半蹲 squat。

上肢动作：1～3双臂经侧至上举，4胸前平屈，5、6双臂前举，7、8放于体侧。

扫码即可观看

第二个八拍：

下肢步伐：1～8侧点地4次（单单双）4 tap side（SSD）。

上肢动作：1右臂左前举、左臂屈肘于腰间，2双臂屈肘于腰间，3、4同1、2，但方向相反，5～8同1、2重复2次。

第三个八拍：

下肢步伐：1～8左腿开始向前走3步+吸腿3次 walk fwd+3 knee up。

上肢动作：1双臂肩侧屈，2胸前交叉，3同1、4击掌，5肩侧屈，6腿下击掌，7、8同1、2。

第四个八拍：

下肢步伐：1～8右腿开始向后走3步+吸腿3次 walk bwd+3 knee up。

上肢动作：1双臂肩侧屈，2胸前交叉，3同1、4击掌，5肩侧屈，6腿下击掌，7、8同1、2。

第五至第八个八拍：动作同第一至第四个八拍相同，但方向相反。

（四）组合四

第一个八拍：

下肢步伐：1～8右腿开始V字步+A字步 X step。

扫码即可观看

上肢动作：1右臂侧斜上举，2双臂侧斜上举，3、4击掌2次，5右臂侧斜下放，6双臂侧斜下放，7、8击掌2次。

第二个八拍：

下肢步伐：1～8弹踢腿挑4次（单单双）4 flick（SSD）。

上肢动作：1双臂前举，2下摆，3、4同1、2，5前举，6胸前平屈，7、8同1、2。

第三个八拍：

下肢步伐：1～8左腿漫步2次2 mambo。

上肢动作：自然摆动。

第四个八拍：

下肢步伐：1～8迈步后点地4次。

上肢动作：1右臂胸前平屈，2右臂左下举，3、4同1、2，但方向相反，5右臂侧斜上举，6右臂左下拳，7、8同5、6但方向相反。

第五至第八个八拍：

动作同第一至第四个八拍相同，但方向相反。

三、其他健身操

（一）徒手健美操

1. 拉丁健身操

拉丁健身操来源于国标舞中的拉丁舞，但不强调基本步伐，而是强调能量消耗，对动作的细节要求不高，注重运动量和对髋、腰、胸、肩部关节的活动。拉丁操自由随意，热情奔放，节奏明显。

2. 街舞

所用音乐一般为"Hip Hop"或"Funk"，由即兴舞蹈演变而来发展至今。而现今融入了有氧舞蹈，以明显的节奏搭配，全身上下自由摆动，有更多的趣味性，一样可以达到减肥瘦身的效果。

3. 搏击操

搏击操最早是由欧洲的搏击选手与职业健身操运动员推出的。而其具体形式都是将拳击、空手道、跆拳道，甚至一些舞蹈动作混合在一起，并配合强劲的音乐，成为一类风格独特的有氧健身操。一节完整的搏击操会消耗大量的热量，由于包括直拳、勾拳、摆拳、正踢、侧踢、侧蹬等搏击动作，而且在做每个动作时要求迅猛、有爆发力，所以在锻炼全身每一块肌肉的同时，还提高了身体的柔韧性。

（二）器械健美操

1. 踏板健美操

踏板健美操加大了腿部的运动负荷，增加了运动量，但减轻了对下肢关节的冲击力，同时也使动作更加多样化。

2. 哑铃操

哑铃是人们用来练习健美的常用器械，经常使用可以增加人体肌肉量，提高新陈代谢的水平。哑铃重量较轻，非常适合体能较差的肥胖者。

3. 健身球

健身球是一项新兴、有趣、特殊的体育健身运动，如今健身球操这项运动以其趣味、舒缓、安全、效果明显等特点尤其受到都市女性的青睐。

（三）特殊场地健美操

1. 水中健美操

水中健美操可以减轻运动中地面对膝关节、踝关节的冲击力，有效减少关节的负荷，并利用水中的阻力以及水传导热能快的原理提高练习效果，达到锻炼身体和减肥的目的。

2. 固定器械健美操

如功率自行车等，可以固定在某一处，可根据自己的需要进行练习，达到锻炼身体的目的。

第三节　健美操运动的欣赏

健美操作为群众性的健身手段和方法，在进行迪斯科操、形体健美操、舞蹈健美操、有氧健美操等练习时，不要刻意追求其形式或模式。操的难易程度、动作幅度、运动量大小和运动强度要因人而异。操的编排要合理，达到健身、健心，全面锻炼身体的目的。

健美操的比赛不同于群众性的健身活动，是根据规则的要求编排而成的。在观赏健美操比赛时，应从两方面去欣赏：成套动作的艺术性和完成情况。

1. 动作的艺术性

动作编排设计要新颖、舒展、美观、大方，动作之间的连接要合理、巧妙，动作素材要新颖、多样化。成套动作要有好的开始和成功的结尾。动作的开始应与后面的动作很好地融合，结束动作要与前面动作相呼应。动作类型、表现应与音乐的风格相一致，协调统一。集体项目，运动员配合要默契，相互间要有交流。队形变换要自然、流畅、清晰，并且要充分利用场地。选择的音乐要动听、优美、健康。

2. 动作的完整性

身体姿势要正确，技术要规范，动作要准确到位。完成动作时的表现力是很重要的，运动员应通过自己的表演和表情去感染观众，同时激发自己的情绪。设计新颖、合体统一的服装和整洁的发式也是欣赏的重点，这些都是展现精神风貌的窗口，要使形体更加优美，为比赛或表演增添魅力。

第十六章 其他体育运动

第一节 气排球运动

一、气排球运动的起源和发展

1. 气排球运动的起源

气排球运动起源于我国,是土生土长的一项群众性排球活动。其起源可以追溯到1984年,当时呼和浩特铁路局集宁分局为了丰富离退休职工的体育活动,在没有规则限制的情况下,组织他们在排球场上用气球进行击打。由于气球过轻且易爆,他们将两个气球套在一起打,最后又改用儿童软塑球。随后,又参照6人排球规则制定了简单的比赛规则,并将这种活动形式命名为"气排球"。

2. 气排球运动的发展

气排球运动被广大人民群众所喜爱的同时,也逐渐在各地得到推广和发展。尤其在浙江、福建、上海、江苏、湖南、广西、重庆等地,气排球运动得到了很好的普及,成为老年人健身的重要项目之一。气排球运动也逐渐发展成为一项全民性的运动项目,相关赛事众多,参与人群也是越来越广泛。

在发展过程中,气排球运动的规则、设备和比赛形式也得到了不断的完善和改进。比如,比赛用球从最初的充气球发展到现在的儿童软塑球,比赛规则也逐渐与6人排球规则相接轨。同时,气排球运动的竞技水平也逐渐提高,各地纷纷举办气排球比赛,推动了气排球运动的发展。

2017年,气排球运动更是迎来了一个重要的里程碑。国家体育总局排球运动管理中心正式将气排球列入第13届全国运动会大众体育比赛项目,这标志着气排球运动已经成为一项正式的体育项目，得到了官方的认可和支持。

二、气排球运动的基本技术

气排球运动的基本方法与排球相似，但也有一些独特之处。

1. 发球

发球是比赛的开始，也是进攻的开始。发球时，球员需要将球从自己的场区发到对方的场区。发球可以采用上手发球、下手发球或勾手发球等方式。

2. 接发球

接发球是防守的重要环节。当对方发球过来时，本方球员需要迅速反应并接住球，然后传给队友或进行扣球进攻。

3. 扣球

扣球是进攻的主要手段。当本方球员接到队友传来的球时，可以选择扣球进攻。扣球时需要掌握好时机和力度，将球扣到对方场区的空当或防守薄弱的区域。

4. 拦网

拦网是防守的重要手段。当对方进行扣球进攻时，本方球员需要迅速起跳并伸出手臂进行拦网。拦网时需要掌握好时机和高度，将对方的扣球拦回或拦起。

5. 防守

防守是保护本方场区的重要手段。当对方进攻或拦网时，本方球员需要迅速反应并进行防守。防守时需要掌握好位置和移动路线，将对方的球防起或防回。

三、气排球运动的场地与器材

1. 气排球运动的场地

气排球场地是开展气排球运动的重要场所，其规格和标准对于比赛的进行和运动员的表现具有重要影响。

（1）场地规格

气排球场地一般为长方形，其长度和宽度可因比赛级别和规则的不同而有所差异。例如，一些比赛可能采用长12m、宽6m的场地，而另一些比赛则可能采用长13.4m、宽6.1m的场地。此外，场地的四周应至少有2m或3m的无障碍区，以确保运动员的安全和比赛的顺利进行。

（2）场地划线

气排球场地应划有清晰的界线，包括边线、端线、中线、进攻线等。这些界线不仅用于界定比赛区域和各个场区的范围,还对于判断球是否出界、是否犯规等具有重要意义。界线的宽度一般应包括在场地之内,通常为5cm。

(3)场地材质

气排球场地的地面应是平坦、水平的,不得有任何可能伤害运动员的隐患。地面的材质可以是木地板、塑胶地板、水泥地等,但应保证球员在上面移动时不会打滑或受伤。此外,场地的上空也应有足够的无障碍空间,以确保运动员在跳起扣球或拦网时不会碰到任何障碍物。

(4)其他设施

除了基本的场地规格和划线外,气排球场地还应配备一些必要的设施,如球网、网柱、裁判台等。球网应悬挂在场地的中央,其高度和张力应符合比赛规则的要求。网柱则用于支撑球网,并应固定在场地的两侧。裁判台供裁判员使用,以便他们更好地观察比赛情况并做出公正的判罚。

2. 气排球运动的器材

(1)球

气排球比赛用球为圆周72～78cm,重量约100～120g的软塑球。球的颜色一般为黄色、白色或橙色等,但同一场比赛中的球应颜色一致。

(2)网

气排球网架设在场地中线上空,高度为男子2m,女子1.8m。网宽1m,长9.50m,网眼直径4～5cm。网的材质一般为尼龙绳或钢丝绳等,要求具有一定的弹性和耐久性。网的两侧应与边线外沿相连,并用网柱固定在场地两侧。

(3)网柱

网柱是支撑气排球网的主要器材,一般由金属或塑料材料制成。网柱应固定在场地两侧,高度与网的高度相同,并保持垂直。网柱的位置应确保网的张力和稳定性。

(4)标志杆、

标志杆是用于标示场地边线和端线的器材,一般为细长的杆状物体,可以是金属或塑料材料制成。标志杆应固定在场地边线和端线的外沿,高度与网的高度相同。标志杆的颜色应与场地颜色相区别,以便于观察。

(5)记分牌

记分牌是用于记录比赛得分和显示比赛信息的器材。记分牌可以手动或电子显示,应设置在场地的一侧或两侧,方便观众和裁判员查看。记分牌上应显示当前的比分、局数、换发球方等信息。

除了基本器材外,气排球比赛还可能使用到裁判哨、计时器、队名牌等辅助器材。这些器材虽然不是必须的,但在比赛中能够起到一定的辅助作用,提高比赛的效率和公正性。

四、气排球运动的规则

1. 比赛制度

① 气排球比赛采用三局两胜制,每局25分,决胜局为15分。

② 由首先赢得25分、并且超过对方2分的队获得本局胜利。在决胜局中,先得15分并同时超过对方2分的队获胜。

③ 决胜局由场上队长在1号、6号位中选定一个位置,由该位置的队员先接发球。

2. 队员与站位

① 每队最多可有8名队员,队员上衣必须有号码,应由1号至8号。场上队长应在上衣胸前有一明显标志。

② 上场队员位置的规定:发球时,发球员的脚不得踏及端线,可以在底线后的任一处发球。在发球击球的瞬间,同排队员中的中间队员位置不能比两侧队员距离边线更近;同列队员中的后排队员,不能比前排队员距离中线更近。后排队员不得在3m线前起跳,否则视为违例。

③ 发球时场上队员位置不能调整,前排队员可以站在限制线以外,但后排队员不能站在前排队员前面。[队员的位置是根据其脚的着地部位来判定的,每一名前排队员至少有一只脚的一部分,比同列后排队员的双脚距中线更近;每一名右边(左边)队员至少有一只脚的一部分,比同排中间队员的双脚距右(左)边线更近。在发球队员击球的一刹那,场上队员脚的着地部位必须符合其位置要求。在发球后,队员可以在本场区和无障碍区的任何位置上。]

3. 发球与击球

① 发球队员在裁判员鸣哨后8s内必须将球发出,球被抛起发球队员未击球,球未触及发球队员而落地,裁判应再一次鸣哨继续发球。发球队员在裁判未鸣哨而发球的,发球无效,重发,不判对方得分,第二次则判犯规。

② 队员的整只脚或手或身体的其他部位不得触碰中线进入对方区域。同一名队员不得连续两次击球。每队击球要在三次内将球击出,四次算犯规。

③ 队员在击球时不得触网,碰到则算触网犯规。球如果落在场外或场外的物体、天花板或非比赛球员,或者球触及了标志杆、球杆、球网或球网标志杆以外的物体则算界外球。

4. 其他规则

① 在气排球比赛过程中,只有前排队员可以进行拦网。如果后排队员靠近球网拦球或触碰到球,则算后排队员拦网犯规。

② 当一方失误或任何其他犯规时,另一方得一分,并持有发球权。每方队员必须按照顺时针的顺序来发球。

③ 球不得在任意队员身上停留0.8s，停留0.8s后则算持球犯规。

第二节 飞镖运动

一、飞镖运动的起源和发展

1. 飞镖运动的起源

飞镖运动起源于15世纪的英格兰。其起源，存在多种说法。一种说法是，飞镖最初是由弓箭手在近距离作战时使用的一种10in长的投掷武器演变而来的。还有一种说法是，飞镖运动是由圆桌武士及军中的士兵在休闲时向树墩投掷标枪演变而来。

2. 飞镖运动的发展

飞镖运动在英国得到了广泛的发展。到了20世纪初，飞镖运动成为人们在酒吧进行日常休闲的必备活动。1924年，英国成立了最早的国家飞镖协会，并在此后主办了第一次飞镖锦标赛。此后，飞镖运动逐渐在全球范围内普及和发展。

在飞镖运动的发展过程中，出现了一些重要的改进和创新。例如，1896年，英格兰的布莱恩·甘林发明了现代飞镖靶和分区系统，这一发明标志着现代飞镖运动的诞生。此外，飞镖的器材规格和竞赛制度也日趋完善，推动了飞镖运动的快速发展。

如今，飞镖运动已经成为一项世界性的体育运动，每年都会举行各种规模和级别的飞镖比赛，也吸引着众多的参与者和观众。同时，飞镖运动也因其独特的魅力和广泛的参与性，成为现代休闲和竞技体育中的热门项目之一。

二、飞镖运动的基本技术

1. 站姿

两腿分开与肩同宽，身体前倾，重心压在前腿（支撑腿）上，后腿（平衡腿）向身体后侧伸直，脚尖点地以保持身体平衡（图16-1）。面部和前肩部应正

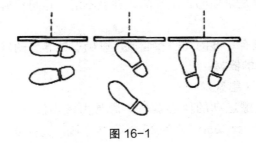

图 16-1

对镖盘，双眼直视目标区域。

2. 握镖

握镖的方法有多种，但基本原则是要保持镖的稳定性和控制性。常见的握法有二指式、三指式和四指式等（图16-2）。选择合适的握法后，要确保手指放松但稳固地握住飞镖。

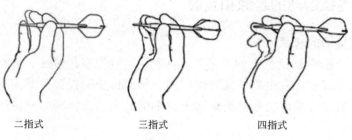

二指式　　　三指式　　　四指式

图 16-2

3. 举臂与投掷

在投掷前，要将手臂举起与肩平齐，小臂自然上举，肘部正对前方。在投掷时，小臂向肩部回收到极限，手心朝上，镖身近似水平。然后，肘部保持不动，手腕向前翻转带动小臂做弧线运动将镖投出。

4. 跟随动作

镖离手后，手指应松弛散开，手腕顺势下垂，小臂自然伸直并带动大臂缓缓下降。这是为了保持身体的平衡和稳定，并为下一次投掷做好准备。

三、飞镖运动的场地与器材

1. 飞镖运动的场地

① 飞镖比赛场地应是一个长方形的平坦区域，通常要求长度至少为5.8m，宽度为2.4m。这样的尺寸可以确保参赛者有足够的空间进行投掷和移动。

② 场地应该是一个封闭的空间，以避免外部干扰，如风或其他人的活动。这有助于保持比赛的公平性和一致性。

③ 地面应该是平坦的、坚硬的，并且不滑。这可以确保参赛者在投掷时能够保持稳定。

④ 场地应该有足够的光照和通风，以确保参赛者的舒适和安全。

2. 飞镖运动的器材

（1）飞镖盘（靶盘）

飞镖盘是飞镖运动的核心器材，通常由植物纤维、纸张或麻布制成。国际标准靶盘的直径为54cm，分为20个等分区域，每个区域都有一个特定的分数值。中心区域通常被称为"红心"或"牛眼",分值为50分或更高(图16-3)。

图 16-3

（2）飞镖

飞镖是由金属、塑料或其他材料制成的，具有尖锐的头部和尾部。它们的重量、形状和大小可能因比赛规则和个人偏好而异。一般来说，每支飞镖的重量应在14～50g之间。

（3）投掷线

投掷线是参赛者投掷飞镖时必须遵守的界限。它通常位于距离靶盘一定距离的地面上，具体距离取决于比赛规则。在标准比赛中，投掷线距离靶盘中心点的水平距离通常为2.44m（约8英尺）。

（4）记分板

记分板用于记录参赛者的得分和比赛进程。它可以是纸质的、电子的或其他形式的。记分板应该能够清晰地显示每个参赛者的得分和投掷情况。

（5）其他辅助器材

包括但不限于照明设备、测量工具（如卷尺和水平仪）以及保护设备（如护腕和护目镜）。这些辅助器材可以根据比赛需求和参赛者的个人偏好进行选择和使用。

四、飞镖运动的规则

1. 基本规则

每一轮包括三镖。从镖盘上崩出或脱落的飞镖不能计分。飞镖比赛可以是两个选手或两队选手之间的对抗。

2. 开局

开赛前的投掷通常可以作为赛前的热身，同时可以依据热身的情况决定比赛中的投掷顺序，由所投掷飞镖最接近靶心的人或者队首先开局。

3. 投掷

每个选手在轮到他的时候投掷一轮飞镖，然后由选手自己取回自己的飞镖。选手的脚不能越过投掷线，否则该次得分不计，并且可能没有重投的机会。飞镖必须在镖盘上保持5s以上才能计分。

4. 计分

飞镖的标准靶盘分为20个区域，分值从1到20分不等，中心的红心为50分，红心外的绿色区域为25分。在某些规则下，特定的区域可能会有双倍或三倍的分值。每一轮中，选手可以选择投掷的次序以及是否要结束这一轮。结束一轮后，要将所得分数加起来，并从总分中减去对手所得分数。

5. 犯规

出现选手不小心绊倒而释放了飞镖、飞镖没有按照规定的方式投掷、飞镖没有落在有效的得分区域内、在投掷过程中越过投掷线等情况，都视为犯规。犯规的结果可能导致该次投掷不计分，甚至可能被取消比赛资格。

6. 胜负判

在规定的比赛时间内，得分高的选手或队伍获胜。如果双方得分相同，则可能需要通过加时赛或其他方式来决定胜负。

不同的比赛和规则可能有所不同，比如有些比赛可能采用501、301等不同的计分方式。因此，在参加具体的飞镖比赛前，需要了解并遵守该比赛的具体规则。

第三节 飞盘运动

一、飞盘运动的起源和发展

飞盘运动起源于20世纪40年代的美国。弗瑞德·莫瑞森发明了一种塑料飞盘，并开始在美国流行起来，此后逐渐发展成为一项正式的运动。

20世纪60年代和70年代，飞盘运动在大学校园内非常流行，很多学校都组织了飞盘运动队，并进行了校际比赛。这些比赛吸引了大量的观众和媒体报道，进一步推动了飞盘运动的发展。

飞盘运动的发展也推动了各种国际和国内比赛的出现。世界飞盘联合会（WFDF）是飞盘运动的国际单项体育联合会之一，负责组织和管理各种国际飞盘比赛。此外，各个国家和地区也都有自己的飞盘运动组织和比赛。

在我国，飞盘运动也越来越受到重视。一些大城市如北京、上海、广州等都建立了自己的飞盘俱乐部,高校中的飞盘运动也在不断发展壮大,很多学校都组织了飞盘社团和校队,为广大学生提供了参与飞盘运动的机会。

二、飞盘运动的基本技术

1. 反手投掷

反手投掷是飞盘运动中最常用的一种投掷方式,主要是利用腰部和手腕的转动力量来投掷飞盘。具体步骤包括握盘、反手掷盘前的准备姿势、掷盘,重点是注意身体的平衡和手腕的发力。

(1) 握法

反手投掷飞盘时,应将拇指置于飞盘顶部,其余四指放在飞盘底部。食指可以轻扣盘缘底部,但注意不要将食指放在飞盘外边缘。这种握法可以保持飞盘的稳定性,并赋予其适当的旋转。

(2) 站姿

在准备投掷时,身体应垂直于投掷方向,双脚距离与肩同宽,膝盖微微弯曲,重心微微向前移动。保持身体的平衡和稳定,以便更好地控制飞盘的飞行轨迹。

(3) 投掷动作

手臂在身前挥动,通过手臂挥动带动手腕投掷出飞盘。注意在投掷过程中不要过度用力,而是运用适当的力量和技巧将飞盘平稳地投掷出去。同时,要避免将手腕从一端旋转到另一端,以免损失飞盘的准确性和力量。

(4) 跟随动作

投掷后,手臂应自然跟随飞盘的飞行方向,但不要过度挥动。保持身体的平衡,准备进行下一步动作。

2. 正手投掷

正手投掷是用盘的中缘接触虎口,食指和拇指紧贴在盘缘,尾三指置于盘底。主要用手臂和手腕的力量将飞盘平稳地投掷出去。正手投掷相对反手来说比较少用,多用在接盘后的快速反击以及一些战术盘的投掷中。

(1) 握法

拇指置于盘面,盘缘贴紧手掌虎口,食指和中指置于盘内并以中指抵住盘内缘,无名指和小指贴靠盘外缘。用适当的力抓住飞盘,注意不要太紧也不要太松。

(2) 准备姿势

侧身对目标,双脚与肩同宽或稍宽于肩,保持身体平衡,同时保持肘部靠近身体。

（3）投掷动作

向前释放飞盘，注意转髋转身，将身体朝前。手肘带动手腕向前送，同时抖动手腕出盘。投掷时要保持身体的平衡和稳定，避免过度用力或扭曲身体。

（4）跟随动作

投掷后，手臂应自然跟随飞盘的飞行方向，但不要过度挥动。保持身体的平衡，准备进行下一步动作。

3. 盘面控制

在飞盘运动中，控制盘面的方向和旋转是非常重要的。通过调整手腕和手指的力度，可以控制飞盘的飞行轨迹和速度。这对于准确传递和接收飞盘至关重要。

4. 接盘技巧

接盘是飞盘运动中的另一项重要技术。接盘时需要准确判断飞盘的飞行轨迹，同时调整自己的位置和姿势，用双手或单手接住飞盘。接盘时要注意保持身体的平衡和稳定，避免受伤（图16-4）。

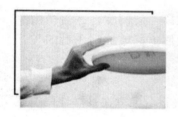  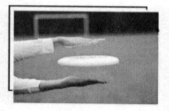

高位接法　　　　低位接法　　　　双位接法

图 16-4

三、飞盘运动的场地与器材

1. 飞盘运动的场地

① 飞盘运动场地应为一个长方形区域，通常被称为"盘场"。标准尺寸的盘场长64m，宽37m，也可以根据实际情况进行调整。

② 盘场的两端各有一个18m×37m的得分区，这是运动员成功传递飞盘后得分的地方。

③ 场地应该平坦，没有明显的障碍物，以确保运动员的安全和比赛的顺利进行。

④ 场地可以选择草地、土地、人造草皮等材质，但需要确保表面的平滑和适宜性。

2. 飞盘运动的器材

（1）飞盘

飞盘通常由塑料或金属制成。标准飞盘的直径为273mm，重量在175g左右。

飞盘的形状和设计使其容易飞行和控制。

（2）运动鞋：参与飞盘运动的运动员需要穿着舒适、支撑性能好的运动鞋。鞋子应该提供良好的抓地力，以防止在跑动和变向时滑倒。

（3）运动服装：运动员应穿着舒适、透气的运动服装，以便在比赛中活动自如。运动服装的颜色和款式可以根据比赛或队伍的要求进行选择。

（4）手套（可选）：在一些情况下，运动员可能会选择佩戴手套来增加手部对飞盘的抓握力。这特别适用于天气寒冷或手部容易出汗的情况。

四、飞盘运动的规则

1. 人数
每队上场队员一般为7人，也可以是4～7人。

2. 开始方式
比赛开始时，双方选手在各自防守的得分区内排成一队。然后先防守方把飞盘传递到进攻的队伍里，俗称"发盘"。

3. 得分方式
选手通过各种战术方式的跑动、传递飞盘，让自己的队友在得分区接住飞盘从而得分。选手之间不能有身体接触，男女共同上场。飞盘运动包容性较强，对于性别、年龄等都无特殊要求。

4. 攻防转换
选手之间不允许有任何身体接触。防守的选手要大声地数出进攻的队伍传盘数，俗称"报数"。如果选手在他报的数字后得到对方的盘，那么队伍可以得到分数。选手不允许阻挡其他选手跑动。

5. 犯规
身体接触发生时判为犯规。当一方选手与另一方选手发生身体接触时，被犯规的选手要立刻喊出"犯规"，此时所有场上选手要停在当前位置不得移动，直到比赛重新开始。如果犯规没有影响进攻方的盘权，比赛继续；如果影响了进攻方的盘权，飞盘交还给进攻方继续比赛。如果防守方选手不同意犯规，飞盘还给前一位持盘者，重新开始比赛。

6. 换人
只有在得分之后或选手受伤的时候允许替换选手。

7. 无时间限制
正规的飞盘比赛没有时间限制，在比赛时间内先取得规定分数的队伍即为获胜队。

8. 自行裁决
飞盘运动主张选手自觉，需要队员们自行裁决是否犯规。如果有争议则举手表决，队员们运用"举手"及"声音"两种表示方式。若多数队友认为没有犯规，则继续比赛。若多数队友认为有犯规，则掷盘者必须将所有飞盘交给对方队伍，俗称"交盘"。

第四节　匹克球运动

一、匹克球运动的起源和发展

匹克球是一项结合了网球、乒乓球和羽毛球元素的运动。匹克球运动最初是由三位朋友为了家庭聚会而发明的，他们利用乒乓球拍和网球网，在自家院子里设计出了这款新的球拍运动。

匹克球运动在初期并没有得到广泛的推广，直到20世纪70年代初期，才开始在美国的一些地区逐渐流行起来。到了20世纪80年代，匹克球已经成为一项正式的运动，并开始在美国各地举办比赛。

如今，匹克球已经成为一项备受关注的运动项目，不仅在美国广泛流行，还在世界各地拥有众多的爱好者和参与者。随着参与者的不断增加，匹克球的规则和设备也逐渐得到完善和改进。球拍的设计和材质的优化，使得球员能够更好地控制球；比赛规则的规范化，包括场地大小、得分制度等方面的规定，使得比赛更加公平和有趣。

二、匹克球运动的基本技术

1. 握拍

正确的握拍方式是匹克球运动的基础。一般来说，匹克球的握拍方式与其他球拍类运动类似，可以采用大陆式、东方式、半西方式、西方式等握法。握拍时要保持手部放松，同时确保球拍握得稳固，以便在击球时能够更好地控制球拍（图16-5）。

2. 准备姿势

在准备击球时，要保持正确的身体姿势。双脚应分开与肩同宽，膝盖微屈，上身稍微前倾，保持平衡。球拍应置于身前，双眼注视来球，做好随时击球的准备。

3. 击球

击球是匹克球运动中最关键的技术之一。在击球时，要注意击球的时机、力量和准确性。根据来球的速度和方向，调整自己的位置和姿势，用合适的力量将

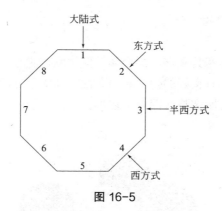

图 16-5

球击回对方场地。同时，要保持手部和手腕的放松，以便更好地控制球拍和球的轨迹。

4. 移动步伐

在匹克球运动中，灵活的移动步伐是非常重要的。要根据比赛情况不断调整自己的位置，以便更好地接球和回球。移动时要保持身体平衡，同时注意观察对方的动态，以便做出及时的反应。

5. 发球

在发球时，要注意球拍的角度、力度和准确性。一般来说，发球可以采用上手发球或下手发球的方式。无论采用哪种方式，都要确保发球具有突然性和攻击性，以便给对手制造困难。

6. 接发球

在接发球时，要注意观察对方发球的动作和球的轨迹，以便做出准确的判断。同时，要保持身体平衡，用合适的力量将球击回对方场地。

三、匹克球运动的场地与器材

1. 匹克球运动的场地

① 匹克球场地的大小类似于羽毛球场，是一个长方形的区域。标准匹克球场地的尺寸一般为长44英尺（约13.41m）、宽20英尺（约6.1m）。如果是双打比赛，场地两侧的宽度可能会稍微增加。

② 场地的表面通常是硬地或塑胶地，要求平整、无障碍物，并具有良好的弹性和防滑性能。场地的界线要清晰明确，以便球员和裁判判断球是否出界。

③ 在场地中央，有一条网子将场地分为两个相等的部分。网子的高度在场地中央处为34英寸（约0.86m），两侧逐渐上升至36英寸（约0.91m）。网子的材质一般为尼龙或其他合适的材料，要求结实耐用、不易变形。

2. 匹克球运动的器材

（1）匹克球

匹克球类似于网球和乒乓球的混合体，但比网球更轻、更软。它通常由塑料或其他轻质材料制成，具有良好的弹性和耐久性。球的尺寸和重量根据比赛规则和不同年龄级别的需求而有所调整（图16-6）。

图 16-6

（2）球拍

匹克球的球拍类似于大号的乒乓球拍，通常由轻质材料制成，如铝合金或碳纤维，以确保良好的控制性和力量传递。球拍面通常覆盖有特殊的材料，以提供额外的弹性和摩擦力，帮助球员更好地控制球的轨迹和旋转。

（3）球网

匹克球的球网与网球网相似，位于球场中央，将球场分为两部分。球网的作用是设定一个界限，球员需要将球打过网，并且使对方无法接回，从而得分。

四、匹克球运动的规则

1. 参赛人数

匹克球可以单打或双打，两种打法的规则和场地大小都相同。

2. 发球

每局比赛开始时，首先由右侧球员发球，发球必须采用下投手势，球与球拍的接触面位于腰部以下。发球时，双脚必须站在底线外，球必须在落地前用球拍击出，且必须落在斜对面球场的打球区内，不可压到非截击线。在双打比赛中，发球永远从右手边的球员开始。如果该球员能保有发球权，则一直在左右发球区轮流发球。

3. 得分

匹克球的比赛通常采用三局两胜制，只有发球的一方可以得分。如果发球方失误，则交换发球权，由对方发球。每局比赛为11分制，如果打成10平，此后连赢两分的一方获胜。比赛也可按照15分或21分的方式进行，采取这两种计分方式时，打到8分或11分时，双方球员要换边。

4. 双反弹规则

在发球之后的第一个回合，或发球方在接对方回球时，接球方必须先让球在本方场地落地反弹一次后，才能击球。同样，在对方场地，对方的回球也必须在你方场地落地反弹一次后，你才能击球。

5. 交换场地

每局比赛结束后，双方球员应交换场地。

6. 休息

在局与局之间，球员可以有不超过1min的休息时间。

7. 犯规

如果球员在比赛中违反了比赛规则，裁判可以判其犯规。例如，如果球员在接发球时没有先让球落地反弹一次，或者在对方回球未落地反弹之前就进行了击球，那么就会判其犯规。

附录　大学生体质健康测试评分标准

1. 男生体质健康测试项目
身高/体重、肺活量、坐位体前屈、立定跳远、引体向上、50m跑、1000m跑。

2. 女生体质健康测试项目
身高/体重、肺活量、坐位体前屈、立定跳远、1min仰卧起坐、50m跑、800m跑。

3. 大学生体质健康标准成绩对照表

附表1　男生体重指数（BMI）单项评分表　　　　单位：kg/m²

等级	单项得分	大学
正常	100	17.9～23.9
低体重	80	≤17.8
超重		24.0～27.9
肥胖	60	≥28.0

附表2　女生体重指数（BMI）单项评分表　　　　单位：kg/m²

等级	单项得分	大学
正常	100	17.2～23.9
低体重	80	≤17.1
超重		24.0～27.9
肥胖	60	≥28.0

附表3　男生肺活量单项评分表　　　　单位：mL

等级	单项得分	大一大二	大三大四
优秀	100	5040	5140
	95	4920	5020
	90	4800	4900
良好	85	4550	4650
	80	4300	4400

续表

等级	单项得分	大一大二	大三大四
及格	78	4180	4280
	76	4060	4160
	74	3940	4040
	72	3820	3920
	70	3700	3800
	68	3580	3680
	66	3460	3560
	64	3340	3440
	62	3220	3320
	60	3100	3200
不及格	50	2940	3030
	40	2780	2860
	30	2620	2690
	20	2460	2520
	10	2300	2350

附表 4　女生肺活量单项评分表　　　　单位：mL

等级	单项得分	大一大二	大三大四
优秀	100	3400	3450
	95	3350	3400
	90	3300	3350
良好	85	3150	3200
	80	3000	3050

续表

等级	单项得分	大一大二	大三大四
及格	78	2900	2950
	76	2800	2850
	74	2700	2750
	72	2600	2650
	70	2500	2550
	68	2400	2450
	66	2300	2350
	64	2200	2250
	62	2100	2150
	60	2000	2050
不及格	50	1960	2010
	40	1920	1970
	30	1880	1930
	20	1840	1890
	10	1800	1850

附表5 男生50m跑单项评分表 单位：s

等级	单项得分	大一大二	大三大四
优秀	100	6.7	6.6
	95	6.8	6.7
	90	6.9	6.8
良好	85	7.0	6.9
	80	7.1	7.0

续表

等级	单项得分	大一大二	大三大四
及格	78	7.3	7.2
	76	7.5	7.4
	74	7.7	7.6
	72	7.9	7.8
	70	8.1	8.0
	68	8.3	8.2
	66	8.5	8.4
	64	8.7	8.6
	62	8.9	8.8
	60	9.1	9.0
不及格	50	9.3	9.2
	40	9.5	9.4
	30	9.7	9.6
	20	9.9	9.8
	10	10.1	10.0

附表6 女生50m跑单项评分表　　　　单位：s

等级	单项得分	大一大二	大三大四
优秀	100	7.5	7.4
	95	7.6	7.5
	90	7.7	7.6
良好	85	8.0	7.9
	80	8.3	8.2

续表

等级	单项得分	大一大二	大三大四
及格	78	8.5	8.4
	76	8.7	8.6
	74	8.9	8.8
	72	9.1	9.0
	70	9.3	9.2
	68	9.5	9.4
	66	9.7	9.6
	64	9.9	9.8
	62	10.1	10.0
	60	10.3	10.2
不及格	50	10.5	10.4
	40	10.7	10.6
	30	10.9	10.8
	20	11.1	11.0
	10	11.3	11.2

附表7　男生坐位体前屈单项评分表　　　　单位：cm

等级	单项得分	大一大二	大三大四
优秀	100	24.9	25.1
	95	23.1	23.3
	90	21.3	21.5
良好	85	19.5	19.9
	80	17.7	18.2

续表

等级	单项得分	大一大二	大三大四
及格	78	16.3	16.8
	76	14.9	15.4
	74	13.5	14.0
	72	12.1	12.6
	70	10.7	11.2
	68	9.3	9.8
	66	7.9	8.4
	62	5.1	5.6
	60	3.7	4.2
不及格	50	2.7	3.2
	40	1.7	2.2
	30	0.7	1.2
	20	−0.3	0.2
	10	−1.3	−0.8

附表 8 女生坐位体前屈单项评分表　　　　　　　　单位：cm

等级	单项得分	大一大二	大三大四
优秀	100	25.8	26.3
	95	24.0	24.4
	90	22.2	22.4
良好	85	20.6	21.0
	80	19.0	19.5

续表

等级	单项得分	大一大二	大三大四
及格	78	17.7	18.2
	76	16.4	16.9
	74	15.1	15.6
	72	13.8	14.3
	70	12.5	13.0
	68	11.2	11.7
	66	9.9	10.4
	64	8.6	9.1
	62	7.3	7.8
	60	6.0	6.5
不及格	50	5.2	5.7
	40	4.4	4.9
	30	3.6	4.1
	20	2.8	3.3
	10	2.0	2.5

附表9　男生立定跳远单项评分表　　　　单位：cm

等级	单项得分	大一大二	大三大四
优秀	100	273	275
	95	268	270
	90	263	265
良好	85	256	258
	80	248	250

续表

等级	单项得分	大一大二	大三大四
及格	78	244	246
	76	240	242
	74	236	238
	72	232	234
	70	228	230
	68	224	226
	66	220	222
	64	216	218
	62	212	214
	60	208	210
不及格	50	203	205
	40	198	200
	30	193	195
	20	188	190
	10	183	185

附表10 女生立定跳远单项评分表　　　　　单位：cm

等级	单项得分	大一大二	大三大四
优秀	100	207	208
	95	201	202
	90	195	196
良好	85	188	189
	80	181	182

续表

等级	单项得分	大一大二	大三大四
及格	78	178	179
	76	175	176
	74	172	173
	72	169	170
	70	166	167
	68	163	164
	66	160	161
	64	157	158
	62	154	155
	60	151	152
不及格	50	146	147
	40	141	142
	30	136	137
	20	131	132
	10	126	127

附表 11　男生一分钟引体向上单项评分表　　　　单位：次

等级	单项得分	大一大二	大三大四
优秀	100	19	20
	95	18	19
	90	17	18
良好	85	16	17
	80	15	16
及格	78		
	76	14	15

续表

等级	单项得分	大一大二	大三大四
及格	74		
	72	13	14
	70		
	68	12	13
	66		
	64	11	12
	62		
	60	10	11
不及格	50	9	10
	40	8	9
	30	7	8
	20	6	7
	10	5	6

附表 12　女生 1min 仰卧起坐单项评分表　　　　单位：次

等级	单项得分	大一大二	大三大四
优秀	100	56	57
	95	54	55
	90	52	53
良好	85	49	50
	80	46	47
及格	78	44	45
	76	42	43
	74	40	41
	72	38	39

续表

等级	单项得分	大一大二	大三大四
及格	70	36	37
	68	34	35
	66	32	33
	64	30	31
	62	28	29
	60	26	27
不及格	50	24	25
	40	22	23
	30	20	21
	20	18	19
	10	16	17

附表 13　男生 1000m 跑单项评分表

等级	单项得分	大一大二	大三大四
优秀	100	3'17"	3'15"
	95	3'22"	3'20"
	90	3'27"	3'25"
良好	85	3'34"	3'32"
	80	3'42"	3'40"
及格	78	3'47"	3'45"
	76	3'52"	3'50"
	74	3'57"	3'55"
	72	4'02"	4'00"
	70	4'07"	4'05"
	68	4'12"	4'10"
	66	4'17"	4'15"
	64	4'22"	4'20"
	62	4'27"	4'25"
	60	4'32"	4'30"

续表

等级	单项得分	大一大二	大三大四
不及格	50	4'52"	4'50"
	40	5'12"	5'10"
	30	5'32"	5'30"
	20	5'52"	5'50"
	10	6'12"	6'10"

附表 14　女生 800m 跑单项评分表

等级	单项得分	大一大二	大三大四
优秀	100	3'18"	3'16"
	95	3'24"	3'22"
	90	3'30"	3'28"
良好	85	3'37"	3'35"
	80	3'44"	3'42"
及格	78	3'49"	3'47"
	76	3'54"	3'52"
	74	3'59"	3'57"
	72	4'04"	4'02"
	70	4'09"	4'07"
	68	4'14"	4'12"
	66	4'19"	4'17"
	64	4'24"	4'22"
	62	4'29"	4'27"
	60	4'34"	4'32"
不及格	50	4'44"	4'42"
	40	4'54"	4'52"
	30	5'04"	5'02"
	20	5'14"	5'12"
	10	5'24"	5'22"

参考文献

[1] 洪浩,王凤仙,岳贤锋等.公共基础课新形态一体化教材.体育与健康.北京:高等教育出版社,2022年.

[2] 崔东霞.大学体育指导教程.北京:化学工业出版社,2016年.

[3] 孙威.大学体育.北京:化学工业出版社,2021年.

[4] 《大学体育与健康教程》编写组.大学体育与健康教程.北京:化学工业出版社,2015年.